ROMA
IGNATIANA
Guide

ローマにイグナチオの足跡を訪ねて

イエズス会総本部出版情報局

佐久間 勤 訳

JN076433

ドン・ボスコ社

英語版
ROMA IGNATIANA
IN THE FOOTSTEPS OF SAINT IGNATIUS
A Jesuit Guide to Rome
©SJ Ufficio Stampa e Informazione
Borgo S. Spirito, 5-3A, I-00193-ROMA

ドイツ語版

Mit Ignatius durch Rom
Spuren des hl. Ignatius von Loyola
und seiner ersten Gefährten aus
ihrer Römischen Zeit (1538～1556)
©1990 Gruppe für Ignatianische Spiritualität (GIS)
Elsheimerstraße 9, D-6000 Frankfurt/M.1

イタリア語版

Antonio Maria de Aldama S.I.
Guida a Roma Ignatiana
Sulle orme di Sant'Ignazio di Loyola
©1990 EDIZIONI PIEMME S.p.a.
15033 Casale Monferrato (AL) - Via del Carmine, 5

イグナチオ没後のイエズス会関連の史跡

はじめに

佐久間 勤

　イグナチオが星を眺めて祈っていたのは、このテラスからだったのだ！

　今はミケランジェロの設計になるジェズ教会の大伽藍につながる建物の中に組み込まれ、保存されている「小部屋」（カメレッタ）、イグナチオ・デ・ロヨラが1544年から、1556年に生涯の最後を迎えるまでの日々を過ごしたその質素な部屋は、私にとっては聖人を身近に感じさせてくれる場所だ。

　この場所は、当時は教皇の宮殿であり、後にイタリア半島の最強都市国家ベネチアの大使館として使われることになるベネチア宮殿と、その前に広がるローマのスラム街の境界に位置していた。イグナチオがここに移り住んだころ、フランシスコ・ザビエルはすでに1540年にインドに向けて出発していた。教皇の派遣で会員たちも各地に出かけ、初代総長として文字どおり世界中の会員を導くイグナチオが選んだ場所は、貧富の格差がせめぎ合う境界線であった。ローマの貧しい人々を助けるよう富んだ者の目を開かせ、貧しい人々のための働きに招き入れるためにイグナチオはこの場所を選んだ、ということだ。

　今はローマの歴史地区の最も賑やかな場所になっていて、「小部屋」の周りも建物で遮られ、星空を見上げることはできそうもない。しかし、神々しい星と貧困など多くの問題を抱えたローマをイグナチオは同時に見ていた。しっかりと見ていたからこそ「対話し、助ける」ためにローマでの生活のすべてをささげた。ここから「天を仰ぐときには、地上の世界が何とつまらなく低いものと見えることか」とイグナチオは言っていたと伝えられるが、天を仰いだその目で地上を見るとき、人間を憐れんで御子を遣わされた御父の目をもって見ていたに違いない。

　御父の目を自分の目として人間世界を見るとき、イグナチオは「いろいろな人びと」を見ていた（『霊操』106）。助けを必要とする人々の中に対立し傷つけ合っている人々もいた。イグナチオが敵対する人々に和解をもたらした働きについてはさほど知られて

いないが、本書の各所に語られているように、その働きは現代の私たちにとって励ましを与えてくれる。格差が差別を生み、差別が敵対を増長し、ついには人々は分断され、果てしない争いを続ける。そこに和解をもたらすのは現代の私たちの使命だ。イグナチオはここ「小部屋」に住んで、和解のために全力を尽くしていた。

永遠の都といわれるローマ、なかでも中心部の歴史地区に足を踏み入れるなら、二千年におよぶ時の厚みに圧倒される。ここでは、400年前の建物でさえも古いとは言われない。ましてそれ以後の建物は、永遠の都には新参者でしかない。この町では時の流れが特別なのである。だからイグナチオやザビエル、そして初期の会員たちが活動していた「時」が町並みからそのまま感じ取れる。石畳の小路を、そして建物と建物の間を縫うようにして歩いていると、四つ角で突然イグナチオと鉢合わせしそうな錯覚にさえ陥る。

エルサレムでの宣教活動を断念せざるを得なくなって、イグナチオとその同志たちは教皇が派遣するところを識別しつつ、ローマやそのほかの世界へと活動を広げていった。ローマでのイグナチオの生き方と活動は、すべてにおいて神を見いだし、その導くところに決然と歩を進めるという精神を具体化して見せてくれる。ローマはまさにイエズス会の原点となった。この町にイグナチオの足跡を訪ね、イグナチオとその同志たち、また初期イエズス会員の使徒的活動と霊的生活に思いをよせることができれば、意義深い体験となろう。ローマを訪れる人に同じような体験をしてほしいという思いからこの翻訳が生まれた。それが十数年の歳月を経て公刊される運びとなり、喜びに堪えない。拙訳者自身、本書を手にローマを案内したいという夢をまた見始めている。

翻訳にあたっては主にドイツ語版を基にし、イタリア語版から補足した。また日本に関係のある史跡などの説明も加えた。本書がイグナチオ関係の史跡を平面的に案内するので、それぞれの場所でのエピソードの時間的な前後関係もわかると便利ではと考え、本書に記された出来事を末尾に年表としてまとめた。本

文に出る番号も記したので、索引としても用いていただきたい。

この翻訳が、ローマを訪れ聖イグナチオ・デ・ロヨラとその同志たちの足跡を辿る人々にとっていささかでも案内となれば、この上ない幸いである。

ローマ以前のイグナチオ

李 聖一

イニゴ・ロペス・デ・ロヨラは、1491年にバスク地方のギプスコアで生まれた。スペイン王室に仕える貴族の13人兄弟の末っ子であった。子どものころから騎士になることに憧れ、15歳で財務長官ベラスケスの小姓となり、騎士教育を受けた。

1521年、30歳のとき、彼の生涯を根本から変える出来事になるパンプローナの戦いが起きる。フランス王フランソワ一世が、神聖ローマ皇帝でありスペイン王も兼ねたカール五世に対してスペイン侵攻を企てた戦いである。イニゴは陣頭に立ちフランス軍を迎え撃つが、1発の砲弾が彼の脚を砕いた。彼の勇猛さを称えて、フランス軍はイニゴを故郷に送り返す。イニゴは脚を元どおりにして、騎士として活躍することを望み、2度にわたる大手術をするものの、完全に元に戻ることは叶わなかった。

傷が癒えるまで病床に横たわる間、『キリスト伝』と『聖人伝』を読み、自分の心のうちに生じる動きの違いに気づいたイニゴの中に、次第にキリストの生き方、聖人の生き方に倣う望みが湧き起こってくるようになった。傷がすっかり癒えて歩けるようになると、イニゴはエルサレム巡礼を敢行する。イエスの生きた場所を自分の目で見ることを何よりも望んだのであった。しかし、断続的に流行するペストとオスマン・トルコ勢力の脅威ゆえに、その巡礼の道は容易ではなかった。

故郷を旅立ったイニゴは、まずモンセラットに行き、今までの自分の生活を振り返り、総告白をし、キリストに仕える新たな騎士として生まれ変わる。さらに、マンレサで祈りの生活を深め、神秘的な体験をとおして、後に人々を霊的に手助けするための方法

をつくり上げていく。

1523年に幾多の困難を乗り越えて、首尾よくエルサレム巡礼を果たしたイニゴは、バルセローナに戻り、勉学を志す。霊的な助けをするために必要な学問を身につけようとしたのである。騎士教育しか受けたことのないイニゴは、ラテン語の初歩から学んだ。そして、哲学のコースに進んでよいとの教師の言葉に従って、アルカラ、サラマンカと場所を変えて哲学を学ぶ。しかし、異端の嫌疑をたびたび受け、審問にかかり、牢獄につながれることもあった。自由に学ぶ必要を感じたイニゴはパリ大学に赴く。1528年のことである。

パリ大学では、基礎から徹底して学ぶ必要があることを感じ、再びラテン語から学び直し、人文教養、哲学と進んでいった。このころからイニゴは名前をイグナチオと変えている。ローマ帝国の時代に壮絶な殉教を遂げたアンチオケのイグナチオを深く尊敬していたからであった。

パリ大学で彼が困ったのは授業料である。そのため1年のうち必ず1回はフランドル地方に出かけ、裕福なスペイン人を頼って、お金を工面しなければならなかった。イングランドにまで出向くこともあった。しかし同時に、生涯をともにする得難い同志との出会いもあった。日本に初めてキリスト教を伝えたフランシスコ・ザビエル、イグナチオのいちばんの理解者であったペトロ・ファーブル、トリエント公会議で大活躍し、イグナチオのあとを継いで二代目総長となったディエゴ・ライネスなど6人である。

1534年8月15日、彼らはモンマルトルの小さな修道院聖堂で誓いを立てた。清貧と貞潔に生き、エルサレム巡礼を果たす誓いであった。そして1535年、神学の勉強に一応の目処がついた段階で、彼らはパリを離れ、ベネチアで再会することにした。エルサレムを目指すためである。パリで勉学中、イグナチオは腹の痛みを訴え、体調を崩すこともたびたびあったため、ベネチアで再会するまでの間故郷に戻って静養し、ついでに同志たちの親を訪ねるためスペインを旅することにした。

1537年、同志たちはベネチアで再会し、エルサレム行きの船を待った。しかし、オスマン・トルコとの関係が悪化し、巡礼船

の予定はなかった。計画を1年延ばし、ベネチア近辺の町で宣教活動に従事した。そして、イグナチオ以外の同志たちはローマに行き、教皇から巡礼の祝福を受け、同時に司祭叙階の許可ももらった。ペトロ・ファーブル以外の同志たちは、ベネチアで司祭叙階を受けた。

　イグナチオは、初ミサを1年延ばすことにした。エルサレムで最初のミサをしたいと望んでいたのである。しかし残念ながら、1年待っても巡礼の可能性はなく、もともと彼らは巡礼が不可能になった場合はローマ教皇に身をゆだることにしていたので、ローマに向かうことにした。

　イグナチオは、ファーブル、ライネスとともにローマに向かった。その途中、ローマから10数キロ離れたカッシア街道沿いにあるラ・ストルタ小聖堂で、十字架を担うイエスのそばに自分自身が置かれるというビジョンを見た。同志とともに設立する修道会の名前を "Compañia de Jesùs"（イエスの仲間＝イエズス会）とする確信を得たのであった。

ベネチア広場からポポロ門まで

1 ベネチア宮殿
PALAZZO VENEZIA (Piazza Venezia)

　この宮殿はイグナチオの時代には教皇の夏の離宮であった。イグナチオがここにしばしば謁見のために訪れていたと考えられる。

　イエズス会を公認する大勅書 "Regimini militantis ecclesiae" が1540年にこの宮殿で発布された。またイグナチオの『霊操』を公認する大勅書 "Pastoralis officii" もこの宮殿で1548年に発布された。

　ベネチア宮殿は、イグナチオら初期会員たちがローマに来た当時は、教皇の居住する宮殿であった。のちに、ベネチア大使館として使用されたので、このように呼ばれている。当時、イグナチオがこの宮殿の裏にイエズス会の本部を定めたのは、教皇の派遣に従い、教皇を支えたいとする彼特有のビジョンによるものであったというほかない。この宮殿の一室で、1540年、時の教皇パウロ三世よりイエズス会は、正式の認可を得た。現在、ビットーリオ・エマヌエーレ二世記念堂の前に広がる

コラム
1

広場の外観は、20世紀初頭までに整備されたものである。時代が移り、宮殿内にムッソリーニが執務室を設け、1936年には広場を見渡すバルコニーから演説を行った。現在でも、大きなロータリーにはひっきりなしに車やバスや観光客が、往来している。（酒井陽介）

2 十二使徒教会
CHIESA DEI SS. DODICI APOSTOLI（Piazza SS. Apostoli）

　イグナチオは12人の信徒のグループをつくって、恥ずかしくて公の救済所に出かけられないでいる貧しい人を助けさせた。この12人のメンバーは初めさまざまな教会に集まっていたが、のちにこの十二使徒教会で定期的に集まることになった。

　この教会には、コンベンツァル・聖フランシスコ修道会の総本部があり、トレビの泉からほど近く、観光客ひしめくコルソ通りから一本入った比較的静かな場所である。教皇庁立グレゴリアン大学の近くにあり、さらに教皇庁聖書研究所（ビブリクム）と隣接しており、イエズス会との繋がりもある。聖堂左には、1773年にイエズス会の解散を命令した、自身もコンベンツァル会員であった教皇クレメンス十四世の墓所がある。（酒井陽介）

コラム
2

3 聖マルタの家

SANTA MARTA（Piazza del Collegio Romano, 3）

　コレジオ・ロマーノ広場に建っていた、売春婦であった女性たちのための寮の建物。イグナチオが1543年または1544年に創立した。この寮の運営は信徒のグループに託され、有能な女性が責任者に任命されていた。経済的物質的な必要はこの信徒たちが責任を負い、イグナチオは霊的な指導を引き受けていた。

　1545年にイザベル・ロセールがローマに来て、この寮の管理を引き受けた。イザベルはバルセロナでのイグナチオの恩人の1人である。彼女は教皇の承諾を得て、1545年12月にイグナチオの前で盛式終生誓願を立てた。しかし1年後にはイグナチオは教皇にこの誓願の免除を願い、イザベルとイエズス会との結びを解かねばならなかった。ペドロ・デ・リバデネイラはイグナチオが女性たちをどのようにして回心させ、聖マルタの寮に導いたかを次のように書き残している。

　　イグナチオにこんなことを言う人々もいた。「こんな女たちは『冒涜の常習犯』だからまたすぐに元の生活に戻ってしまいますぞ」

　　そしてこんなことにあまり時間を費やさないようにと勧めた。

イグナチオは答えた。

　　そんなことはありません。私の働きや心配のすべてをかけ
　　てただ1人だけが、イエス・キリストの愛のゆえに一晩だけ
　　罪を犯さなかったに過ぎなかったという結果に終わるとし
　　ても、とにかく、ほんの短い時間でも神を冒涜しないで過
　　ごしてくれるのですから、たとえあとで昔の生活に戻ってし
　　まうとわかっているとしても、私はこの働きや努力を止める
　　ことは致しません。

　ホアン・デ・ポランコの記すところによれば、1552年には更
生を果たした女性たちは300人以上を数えたという。

4 聖イグナチオ教会
CHIESA DI SANT'IGNAZIO (Piazza Sant'Ignazio)

　現在の教会の場所には、かつてジャン・ピエトロ・カラファ枢
機卿の屋敷があった。イグナチオは以前、ベネチアでテアティノ
会の会則に関して枢機卿と意見が対立したことがあった。1555
年5月23日にカラファ枢機卿は教皇に選ばれた（パウロ四世）。

　ゴンサルベス・ダ・カマラの記すところによると、この知らせ
を聞いてイグナチオは身体中の骨が震えあがったほどの恐れ

を感じた。そして無言で聖堂に入り、間もなく出てきたときには平静で朗らかな表情をしていて、まるで教皇の選出を自分も初めから望んでいたかのようであった。教皇パウロ四世もイグナチオの生存中はイエズス会の会憲を改めるような手出しをしなかった。

　教会の天井はドームのように見えるが、実際は平面に描かれている「だまし絵」が有名で、イエズス会修道士のアンドレア・ポッツォの作品である（訳者註：円蓋クーポラは19世紀末まで建築されなかった。円蓋建築を予定してしっかりした壁と柱が築かれていたのを利用して、セッキ神父がローマ学院天文台の観測所を建てたために、結局円蓋はつくられないままに終わった）。

　天井の絵画の中心には十字架を持つイエスが描かれている。天の父からイエスの心臓に一条の光が射しかかっている。聖イグナチオはイエスのほうに向かい、イエスの心臓を指し示している。イエスの心臓からイグナチオに光が射している。聖イグナチオの祝日の典礼ではイエスの次の言葉が用いられる。

　　　私は地上に火を投げかけるために来た。それが燃え上がる
　　　こと以外に私は何をほかに望もうか。

　聖イグナチオ教会の4本の柱が4つの世界つまりヨーロッパ、アジア、アフリカ、アメリカを象徴的に描く絵の上に置かれている。聖フランシスコ・ザビエルも、この聖人にふさわしくアジア

聖イグナチオ教会のだまし絵

の部分に置かれている。このように、イエズス会創立者とその同志たちが地球全体にイエスの燃える愛を注ぐために互いに固く結ばれ、その中心のイエスを求めるように人々を助け、悪と誤った信仰を地獄に追いやる様が描かれている。

（訳者註：脇祭壇には聖ロベルト・ベラルミーノ枢機卿、聖ヨハネス・ベルクマンス、聖アロイジオ・ゴンザガの墓石がある）

聖イグナチオ教会屋上の天文台

ローマ学院の天文台

コラム 3

　ローマ学院と隣接する聖イグナチオ教会には、かつてバチカン天文台が置かれていた。バチカン天文台のそもそもの始まりは1703年のことで、教皇クレメンス十一世がバチカン宮殿の「風の塔」に子午線儀を設置した。天体望遠鏡を備えた本格的な天文台は1780年、教皇ピウス六世がローマ学院（collegio romano）の屋上に設けたもので、バチカン天文台の名称もこのときから始まった。現在も正面右の細長い塔が残っている。アンジェロ・セッキ神父（Angelo Secchi SJ、1818〜1878）は聖イグナチオ教会の円蓋を造る予定であった部分に新しい天文台施設を完成させた（1853年）。セッキは恒星分光学の先駆者でスペクトル型による恒星分類の基礎を据えた。その後ローマ革命によりローマ学院にあったバチカン天文台は閉鎖された。

　バチカン天文台の復興は教皇レオ十三世により、バチ

カン庭園を囲む城壁の上に天体ドームを置いた。ローマの町の灯が明るくなったため、郊外のカステル・ガンドルフォに移転し現在に至っている。現在の活動拠点はアリゾナ州トゥーソン（Tucson）にあり、1993年に完成した新反射望遠鏡が活躍している。（佐久間 勤）

5 アクイロの聖マルタ教会
CHIESA DI SANTA MARTA IN AQUIRO
（Piazza Caprancia）

イグナチオはこの教会のそばに孤児のための家を創立した（1539年〜1542年）。男児がここに住み、女児は Quattro Santi Coronati 修道院に収容された。この種の事業のためにイグナチオは信徒の信心会をつくってそれに運営を委託した。1542年6月にはこの信心会はローマの物乞いたちの世話も始めた。彼らを集め、宿泊の場所や病院を提供した。この信心会はレオ十二世（1823年〜1829年在位）の時代まで活動を続けた。教皇はこの孤児の家をソマスキの司祭たちに委託した。

6 フィレンツェ宮殿
PALAZZO FIRENZE（Piazza Firenze, 27）

この建物にロドルフォ・ディ・カルピ枢機卿が住んでいた。この枢機卿は初代イエズス会の保護者であった。イグナチオもしばしばここを訪れている。1544年2月24日の日記にイグナチオは次のように記している。

私が道を進んでいたとき、イエスが私の目の前に立たれた。そして私は心を強く動かされ、涙を流した。カルピと話したあとの帰りの道でも黙想に潜心した。

7 会議の家
CASA DELLA CONGREGAZIONE
（Via San Sebastianello, 11）

今日この建物はクィリーノ・ガルツォーニ宮殿（Villa Quirino

Garzoni）の上手に位置しているが、当時はローマ郊外であった。ここにイグナチオのローマでの最初の住居があった。1537年11月から1538年4月までイグナチオはペトロ・ファーブルやディエゴ・ライネスとともに住んだ。さらに1538年4月から6月までそのほかの「最初の同志たち」も合流した。建物の1階と入口の前庭のグロッタはイグナチオの時代のものであり、ガルツォニ家の紋章（黒い鷲と赤いバラ）を見ることができる。

　ここからイグナチオは毎日ローマのあちらこちらに散在していた黙想者の「霊操」指導に出かけた。

　最初のイエズス会員がここに住んでいたころ、アゴスティノ・マイナルディの信奉者たちが、ローマでイグナチオのもとに集まった人々を異端者として迫害するよう求める運動を起こした。このアゴスティノ・マイナルディという人物はアウグスティノ会の説教師で、後に修道会を出てプロテスタント教派を創立した者であり、彼らはイグナチオの信奉者をスペインやパリ、ベネチアで異端と不品行のゆえに裁判にかけられているルター派と同じであるとした。この悪評のため友人たちはイグナチオから離れることになった。ロレンツォ・ガルシア神学修士はイエズス会入会を断念した。「グロッタ」でイグナチオと長い時間語り合ったにもかかわらず……。後になってガルシアはこれが誤った決心であったことを認めている。

　デ・クピス枢機卿は、この最初のイエズス会員を立ち退かせるようにクィリノ・ガルツォーニに勧めている。ガルツォーニが執事に命じてイエズス会員たちを見張らせて得た報告は、彼らは聖人だというものであった。というのは執事が会員たちに寝台を準備してやってもまったく使おうとせずに土間に寝ていたし、食べ物を与えても貧しい人々に分け与えてしまったからであった。

　1609年にガルツォーニの息子が建物と土地をローマ学院に売却し、18世紀までローマ学院の所有であった。

8 聖ヤコブ病院
OSPEDALE DI SAN GIACOMO DEGLI INCURABILI
（Via Antonio Canova, 25）

　イグナチオの時代の修練者が実習の一部として派遣されて
働いた病院のひとつ。ペトロ・カニジオは1547年から1548年
の間の修練者の1人であった。

9 ポポロ門　PORTA DEL POPOLO
　1537年3月25日、枝の主日に「最初の同志たち」の幾人か
がこの門をくぐってローマの地を踏んだ。自らの血を流してロー
マの地を聖なるものとした幾多の殉教者たちに敬意を払って、
ディエゴ・ライネスは裸足で町に入った。その8カ月後にイグナ
チオ自身もペトロ・ファーブルとライネスを伴って、この門をく
ぐって町に入った。

　その25年ほど前にローマを訪れたマルティン・ルターもこの
門から入り、すぐそばのアウグスティノ会の修道院に滞在した。
モンテ・マリオ（Monte Mario）の丘の上に立って眼前に広がる
ローマを見て、ルターは「汝に幸いあれ、聖なる町ローマ」と叫
んだという。

　この門から、ポルトガルそしてインドに向かうフランシスコ・ザ
ビエルが1540年3月15日に旅立った。1550年10月25日には
ガンディア侯フランシスコ・ボルジアがこの門を通ってローマに

着いている。ボルジアは直前に秘密裡にイエズス会の誓願を立てていたが、大公の衣装をまとい、20人の護衛の兵士とそして幾人かのイエズス会員（司祭と修道士）を伴っていた。コロンナ侯やスペイン大使、そのほかの多くの貴族、教皇の代理と枢機卿たちがこの門で彼を出迎えた。（王侯として迎えられたことはボルジアの家系に敬意を払うものであった。フランシスコ・ボルジアはボルジア家出身の教皇アレキサンダー六世の曾孫にあたり、かつスペイン王フェルディナンドの曾孫でもあった）

現在のポポロ門

マルガーナ広場から
モントリオの聖ペトロまで

10 デルフィニ宮殿

PALAZZO DELFINI（Via dei Delfini, 16）

　アントニオ・フランギパーニの家の上に立っているデルフィニ宮殿には、かつてイグナチオとその同志たちのローマでの第3の住居が置かれた（1538年10月から1541年2月まで）。シモン・ロドリゲスが書き記すところによると、この家には誰も住みたがらなかった。それは「夜になると屋敷の中を幽霊や妖怪がうろつくという噂がたっていたから」であった。実際住んでみると、初めのうち夜になるとドアを叩くような物音やガラスや食器が壊れるような音が聞こえた。

　1548年に記された著者不明の記録によると、この家の所有者マリオ・デルフィニが今日見られる建物を建てたときに、イグナチオに敬意を払って、イグナチオが住んだ部屋をそのままに残したという。地上階には十四世紀あるいは十五世紀のものである小部屋が2部屋ある。

　おそらく1538年11月に、つまりこの家に住んでいた間に、モンマルトルでの誓いを実行するために、同志たちは教皇パウロ三世の派遣を願った。パウロ三世はそれを受け入れたが、当面はローマに留まって説教するよう望んだ。

　1538年から39年の間の冬は特に厳しく、その上ローマは食料不足の状態にあった。寒さと飢えから多くの貧しい人が路上で死んだ。施しに頼って生活していたイエズス会員たちではあったが、家を貧しい人に開放し、食料や暖房、藁の寝床を分かち合った。わずかにあった寝台は重病人に使わせ、物質的な援助に加えてキリストの教えを教授した。援助を求めてやってくる人々が増え、毎日200人、300人、ほとんど400人を数えるほどになった。延べ人数は3,000人で、ローマの総人口40,000人の1割近くになった。ローマの住民はイエズス会員の援助活動

に深い感銘を受けた。「主だったローマ市民の幾人かは、施し
をするにとどまらず、自ら手に灯火を持って、夜やって来た。貧
しい人々への隣人愛の証し人となるために」

　この家で1539年春に有名な「初代師父たちの協議」が行わ
れ、修道会を創設すべきかどうかを話し合った。第1回の協議
で、修道生活の従順に基づく共同体としてまとまることを決定
した。ペトロ・ファーブルがたてるミサの中で、この決定は1539
年4月15日に確認された。それに続く協議は1539年6月24日
に終わったが、新しい修道会創設の基本線を決定し、教皇の承
認を受けるために規則や基本法を制定した。

　この家からイエズス会員は教皇から託された派遣使命に出
発した。1539年4月末にブロエとロドリゲスはフランシスコ・エ
ストラダとともにシエナに向けて出発した。1539年6月20日に
ファーブルとライネスがパルマおよびピアツェンツァに向けて出
発した。ジャン・コデュールは6月24日にヴェルレトゥリに向け
て、ボバディリャは9月末にナポリに向けて旅立った。オリバー・
マナラエウスの回想によれば、イグナチオは次のように言って
人々を派遣したとのことである。「行きなさい。火を放ち、世界
を燃え上がらせなさい」

　1540年の3月5日ないし15日に、シモン・ロドリゲスとフラン
シスコ・ザビエルはそれぞれポルトガルとインドに出発した。本
来はニコラス・ボバディリャがインドに向かうはずであったが、
病気のために不可能になった。イグナチオがその代わりにフラ
ンシスコ・ザビエルを派遣すると決めたとき、ザビエルは直ちに
「よろしい。行きましょう。私は覚悟ができています」と答えた。

　この家から最初の神学生の共同体が1540年4月下旬に、パ
リ大学で勉学するために出発した。メンバーはフェラオ、ロガ
ス、カルバガル、イスブランドで、長上にはディエゴ・デ・エグイ
アが任命された。

デルフィニ通りの家―― 異教間対話ことはじめ

コラム **4**

　1540年9月27日、教皇パウロ三世の勅書『レ
ジミニ・ミリタンティス・エクレジア』によってイ

エズス会が公認された。そのころ、イグナチオ・デ・ロヨラと同志たちが宿舎としていたのがこの小さく質素な邸宅である。公認半年前の3月、フランシスコ・ザビエルがポルトガル経由インドにむけ旅立ったのもこの家でもあり、ローマに住み始めたイエズス会の初代会員にとっては最初の重要な拠点となっていた。通りの名は十五世紀ベネト地方からローマに移住した貴族デルフィニ家に由来し、現在はポーランドの在バチカン大使館となっている。

ローマのチェントロ（中心）に位置するベネチア広場、ビットリオ・エマヌエーレ記念碑やイエズス会の本部教会となるジェズ教会から至近距離（2ブロック先）にあるとはいえ、この一角は古代ローマ時代の遺跡（マルチェロ円形劇場やオッタビア門の遺構）がそこかしこに残る場所で、古色蒼然とした趣きと同時に「日陰」のような雰囲気をもつ地区でもある。イグナチオたちはあえてこの場所を選んだ特別の理由があったようだ。

ここはローマに古くから存在するユダヤ人居住区（ゲットー）の隣接地である。イグナチオが足しげく通ったテベレ川中洲、ティベリナ島の慈善病院は目と鼻の先にあり、島に渡るファブリチョ橋のたもとは20世紀初頭に現在の大シナゴーグの建物が雄姿を現したところでもある。

大シナゴーグ正門前、すなわちユダヤ地区の境界線上には中世（十二世紀）を起源とする小さなサン・グレゴリオ・ディビノ・ピエタ教会がある。十八世紀に現在の外観をもつようになるまでは、近隣住民もほとんど無視していただろう一画の小さな小教区教会であった。ユダヤ人改宗を促進するためわざわざこの場所に建てられ、歴代の教皇命により、ユダヤ人の安息日（土曜日）にこの教会前で、カトリック司祭がシナゴーグ周辺のユダヤ人を集め、福音を説教するよう定められていたといわれている。キリスト教の説教聴聞を嫌がったユダヤ人たちが耳に溶かした蝋をつめて抵抗したという逸話も残されている。イグナチオとその同志たちもその光景を目の当たりにしていたはずである（イエズス会員がそこで説教

したという記録はない）。

　デルフィニ通りを1ブロック西に入ればそこはいまでもユダ
ヤ系の人びとが多く暮らす町。現在のローマ在住ユダヤ人は
経済的に裕福と見え、古の貧しい「ゲットー」の面影は微塵
もない。食料品店やレストランの看板に「コシェル」（ユダヤ
教で食べてよい食品）の表示が目立ち、精肉店では「血を抜
いた」牛肉を買うこともできる。ローマっ子が足しげくかよう
人気のユダヤ系レストランで賑わう一角である。一方、この
地のユダヤ人が体験した悲劇の痕跡も見過ごせない。大シ
ナゴーグ横の広場一角の壁面に掲げられた碑文は、ここが、
1943年10月16日のナチス・ドイツによる強制連行により、
2091人のユダヤ人がポーランド各地の収容所に送られた場
所であることを証言している。

　イグナチオと同志たちはユダヤ人についてどのような態度
で接したのであろうか。1492年、イベリア半島を異教徒の
手から奪還する「再征服運動」（レコンキスタ）を完遂させたス
ペイン王国が誕生した。それと前後してユダヤ人たちは強制
改宗ないしは追放の道を歩んでいた。改宗したユダヤ人た
ちは「コンベルソ」（converso ないしは「新キリスト教徒」）と呼
ばれ、引き続き苦悩の時代を生きた。15世紀に成立してい
た「血の純潔規約」（limpieza de sangre）、すなわち 三〜四
世代にさかのぼって異教の血筋をひくものを官僚や聖職者
から排除するという規定に対し、イグナチオと同志らは反対
の立場を貫いていたことがわかっている。16世紀には「コン
ベルソ」からもカトリック司祭に志願する若者がすくなから
ず出たが、フランシスコ会やドミニコ会など旧い伝統を誇る
修道会では入会を拒否する傾向にあった。そうした現実に
心を痛めたイグナチオが熱意ある若者たちをイタリア（ロー
マ）に呼びよせ、イエズス会への受け入れに尽力したことも知
られている。

　実際、初期イエズス会には「コンベルソ」の会員が多数い
る。イグナチオを継ぎ第2代総長となったライネス、イグナチ
オの名代として『イエズス会会憲』をヨーロッパ中の会員に

解説するため巡回したヘロニモ・ナダル、総長秘書として天才的な事務能力を発揮したホアン・ポランコらはスペイン系の「コンベルソ」である。また、日本で豊後病院創設に大きな役割を果たしたポルトガル出身の宣教師ルイス・デ・アルメイダもユダヤ系の祖先をもっていた。

　スペイン・ポルトガルのキリスト教王国が示した「再征服運動」の情熱や宗教改革の動揺など、波瀾の16世紀史の中、イグナチオとその同志たちは異教徒を対象とする世界宣教の嚆矢となった。その行動はイエズス会発足当時のデルフィニ通りですでに始まっていたのである。　（川村信三）

11　フナリの聖カテリナ教会
CHIESA DI SANTA CATERINA DEI FUNARI
（Via dei Funari）

　1546年にイグナチオはこの教会のそばに「貧しい少女のための家」を創立した。貧困に陥った女性たちがここで保護を受けた。

12 ペスケリアの天使教会
CHIESA DI SANT'ANGELO IN PESCHERIA
（Via del Portico d'Ottavia）

　ここでシモン・ロドリゲスが1538年5月に説教を行った。クロード・ジェイも1539年に説教を行っている。

13 シスト橋　PONTE SISTO

　この橋の近くにイグナチオとその同志たちの、ローマでの第2の住居があった（1538年夏）。

　イグナチオはしばしばこの橋を渡ってモントリオの聖ペトロ修道院に行った。そこの1人がしばらくの間イグナチオの聴罪師であった。

　1541年8月29日に、重病の床にあったコデュールのためにミサをささげにいく途中、この橋の上でイグナチオはあたかも突然何かに脅かされたかのように立ち止まり、同行していたジアンバッティスタ・ビオラに「コデュールはたった今この世を去った」と語った。

シスト橋の上で天国にのぼるコデュールの魂を見るイグナチオ

14 モントリオの聖ペトロ修道院
CONVENTO DI SAN PIETRO IN MONTORIO

　モントリオはモンス・アウレウス（黄金の山）がなまった言葉。フランシスコ会修道士テオドシオ・ダ・ローディがしばらくの間イグナチオの聴罪師で、ここに住んでいた。

　イグナチオが1541年4月8日に総長に選出されたとき、イグナチオは選挙をやり直すよう頼んだ。それからイグナチオは三日間（4月14、15、16日）の黙想（Triduum）を行い、総告解の準備をした。テオドシオ修道士はイグナチオに、もし総長選出を受け入れないなら聖霊の意志に反対することになると言った。それでもなおイグナチオは聴罪士にもう一度祈りのうちに考え直すように、そしてその結果をしたためて封印し同志たちに渡すようにと頼んだ。

　イグナチオはミサをささげるために（おそらくブラマンテの小聖堂 Tempietto で）しばしばここに来た（中世の間違った言い伝えで、

ここが聖ペトロの殉教地とされた）。

　ここでイグナチオが1541年に1人の修練者（エステバン・バロエロ）のためにミサをたてた。エステバンは修練を始めて直後に重病にかかった。ミサのときにそばにいたペドロ・リバデネイラにイグナチオは言った。「エステバンは、今は死なない」（バロエロは1587年まで生きた）

　フランシスコ・ザビエルはインドから日本に旅立つ1549年1月にイグナチオに宛てて書き送っている。

　　私の父よ、心からの願いがあります。イエズス会の1人の司祭を指名して1年の間毎月ひとつのミサを、私のためにモントリオの聖ペトロの、聖ペトロが十字架にかけられたとされる場所の聖堂でささげるよう命じてください。

　イグナチオはフランシスコ・ザビエルのこの願いを実現した。

ジェズ教会からカンピドリオまで

15 ジェズ広場 PIAZZA DEL GESÙ

　ビットリオ・エマヌエレ通りとジェズ通り（Via del Gesù）の交わる角（広場の北西）にマッダレニ・ポディフェッロ家族の屋敷があった。イグナチオはこの街角で要理を教えた。

　1552年11月のある日、イグナチオはナポリ王国への旅に出かけようとしていた。旅の目的はアスカニオ・コロンナ侯爵とその妻ホアナ・アラゴンの間の和解をはかることにあった。だが出発の日に激しい嵐が襲った。広場に降りしきる雨を見てポランコはイグナチオに出発を見合わせ、翌日に出発するように勧めた。しかしイグナチオは「今すぐに出発しよう。雨が降ろうと風が吹こうと、ほかのどんな妨げがあっても、私たちの主である神に仕えるために計画した仕事を時間どおりに始めなかったことは、30年来、私は1度としてなかった」と答えた。

　1554年9月14日の出来事は異なっていた。エチオピアに向かう宣教師のイエズス会員の出発がこの日に決まっていた。2人の司教アンドレアス・デ・オビエドとメルキオール・カルネイロ、および神父と修道士たちがこの任務に派遣された。イグナチオは彼らが十分に準備を整えるように配慮した。旅装を整え馬も広場に引かれてきた。それからイグナチオは旅立つ会員に尋ねた。「何か足りないものがありますか」、「いいえ」、「それならよろしい」と、イグナチオは出発すれば生涯二度と再会することもないであろう人々に向かって「もう旅の準備も終わったのだから、今日の午後と明日1日は互いに別れを惜しむことにしよう」と言った。

16 ジェズ教会 CHIESA DEL GESÙ

　現在の「道の聖母」（Maria della Strada）の小聖堂と聖イグナチオの墓石のあるところには、かつてカミロ・アスタッリの「荒れ果てた古い」家が建っていた。ここがイグナチオのローマで

の4番目の住居で、イグナチオは1541年2月から1544年9月までここに住んだ。

　この家に初代の会員たちが1541年3月と4月に集まって、最終誓願の前に総長の選挙を行った。「1541年の会憲」の規定に従って、イグナチオは1541年4月8日に満場一致で総長に選出された（イグナチオは投票を棄権）。

　開票の結果、1票の反対票もなく全投票がイグナチオに投じられた。

　開票に続いてイグナチオは所感を述べたが、その話の中で自分の思いをはっきりと語り、自分の望みは人の下に置かれることであって人の上に立つことではない。自分自身を満足におさめられないのに、まして人を指導することなどできないと言った。

　イグナチオの希望で選挙は4月13日にやり直されたが、結果は前回と同じであった。イグナチオは霊的指導者の勧めを受け入れて、4月19日に総長に就任した。

　この家でイグナチオはイエズス会の清貧の生活のあり方について黙想し祈った（1544年2月から4月）。40日にわたる、清貧に関する探究の過程を記した『霊的日記』の重要な部分もここ

で書かれた。

　イグナチオは遅くとも1549年にはここに教会の建設を計画した。フランシスコ・ボルジア臨席のもとに1550年に礎石が置かれた。1554年にはミケランジェロが教会の設計を引き受けた。「だた信心から、ほかにどんな意図もなく」また無報酬の仕事であった。しかし工事は中断された。それは資金不足のためではなく、近所から苦情が出たためで、イグナチオは紛争を好まず、都合のよい時期が来る日を待つことにした。

（訳者註：この教会の香部屋の奥に日本キリシタンの殉教を描く絵画が保存展示されている。香部屋係に頼むと見学できる）

　　この教会の地下には、ある時期の歴代の総長たちの墓所がある。特別なときにしか墓所を開けることはないが、薄暗く、ひんやりとする地下に広がるカタコンベのような場所には、非常に質素な墓がいくつも並べられてある。地上部の聖堂の主祭壇に向かって左には、ひときわ大きいイグナチオの墓があり、向かって右には、ザビエルの右手が置かれた祭壇がある。多くの人々がここで祈りをささげている。入り口に近い「受難の聖堂」には、イエズス会復興の立役者聖ジュゼッペ・ピニャテッリの遺物が置かれ、それを取り囲むように、第21代総長ヤン・ローターンと第28代総長ペドロ・アルペの墓石がある。イエズス会復興200年を記念して、正面祭壇に大きな絵がかけられた。十字架からイエスの亡骸をこの3人が、抱えて降ろしている場面を描いたもので、見るものの心に訴える。ローマを訪れた際は、ザビエルとアルペという日本に馴染み深い2人のイエズス会員の前でしばし祈りをささげるのもいい。

コラム
5

（酒井陽介）

17 ジェズの会宅　CASA DEL GESÙ

　教会正面の南側の入口と現在のイエズス会の会宅の間に「道の聖母」教会が建っていた。この教会はかなり傷んでいて、無

事に出てこられるように神の摂理に「予定されている」者でなければあえて中に入ろうとしないほうがよいと、サルメロンが言っている。イグナチオは1542年にこの教会の主任司祭の職を引き受けた。しかし1544年にイエズス会の清貧の規定が定められたので、それに従って小教区を200メートルほど南に離れた聖マルコ教会に編入することにした。それは、イエズス会はどんな定収入も受け取らないという清貧の規定に基づく処置である。しかし小教区の信徒は秘跡を受けに（もちろん「ストラの報酬」を払わずに）従来どおりにこの教会に来ても構わないことにした。

　イグナチオはしばしばこの教会でミサをささげた。1549年9月4日にイグナチオはペトロ・カニジオの最終誓願を受け入れた。そのときカニジオは聖霊があたかも聖霊降臨の日に使徒たちの上に降ったように降るのを感じた。

　　そのときに私たち皆に向かってこう言われたと思う。「見よ、私はあなたたちを狼の群れの中に遣わす。行って福音をすべての被造物に告げ知らせなさい」

　総長に選ばれた後、イグナチオはこの教会で要理を教え始めた。ペドロ・デ・リバデネイラは当時14歳であったが、イグナチオに、イタリア語がまずいと告げた。それでイグナチオはリバデネイラにイタリア語の間違いをノートに記録するよう頼んだ。し

かしこの仕事にリバデネリラはすぐに飽き飽きしてしまった。というのも「話し方全体を直すほか、仕方がない。単語も文の作り方も発音もまったくスペイン語だったからだ」。しかしリバデネイラはこうも付け加えている。

> 言葉の間違いはさておき、イグナチオは感嘆すべき熱心さときらきら輝く表情で語りかけ、炎が彼の中から燃え上がり心を燃やすかのように思えたほどだった。

1553年の10月と11月にこの教会で神学と哲学の公開討論が開催された。それはローマ学院高等教育課程の開設を祝うものであった。

アラチェリ通り（Via d'Aracoeli）が聖マルコ通り（Via di San Marco）に交わるところ（教会から100メートル南）にコダチオが家を建て、イグナチオは1544年にそこに移り住んだ。これはイグナチオのローマでの5番目の住居である。

ファブリチオ・マッシミ侯爵はこの家を評して、「みすぼらしい家、むしろ掘っ建て小屋」と言った。現在の建物を建てるためにこの家を壊すに際して（1599年〜1602年）、イグナチオが住み働いた3部屋だけは保存することになった。現在はカメレッテ（Camerette小部屋）と呼ばれて、ジェズ神学院の中にある。言い伝えでは、イグナチオは小さいほうの部屋で仕事をし、またそこを寝室としても使っていた。この部屋の窓はバルコニーが付いていた。同じく言い伝えだが、イグナチオはこの部屋の窓から天を仰いで次のように言っていたという。

> 天を仰ぐときには、地上の世界が何とつまらなく低いものと見えることか。

大きいほうの部屋（窓は通りに面している）をイグナチオはミサをささげ、訪問客を応接するために使っていた。

この部屋からイグナチオはイエズス会を指導していた。ここから世界中に手紙を送り、祈りの中で考察し、また非常な注意を払って考え抜いた結果を伝えた。中央の部屋にある棚はイエズス会記録保存所（Archivio della Compagnia di Gesù）の発祥の源ということになろうか。イグナチオは全部で7,000通以上の手紙や手紙の下書きを残していて、それらは Monumenta

Historica SJ に印刷されておさめられている。

　イグナチオはイエズス会総長としての職務のほかにも、イエズス会創立にかかわる仕事をここで行った。第 2 の基本法 Formula Instituti を準備し（1550年）、会憲を起草した（1549年～1553年）。

　　会憲を起草する間イグナチオは毎日ミサをささげ、その際にそのとき書こうとしていた問題の要点を神の前に置き、それから祈りの中でそれを考察した。祈りとミサの間にはいつも涙が流れた。

　ペトロ・ファーブルは最初の師父たちの会議が1539年に終わって教皇の特命を受けたが、1546年7月17日にこの部屋でイグナチオに会見した。そして2週間後の1546年8月1日に死去した。

　1550年から1551年にかけてフランシスコ・ボルジアもここに住んでいた。ボルジアはイエズス会の誓願を立てたばかりであったが、スペイン大公の地位をまだ捨てていなかった。

　ゴンサルベス・ダ・カマラ神父は晩年のイグナチオがこの部屋で祈る様子を書き残している。起床の後「教会の祈り」をする代わりに自分の祈りを行った。というのも「教会の祈り」をすると涙が止まらず視力を弱めるからであった。

　　自らミサをささげない日には、イグナチオは寝室の隣の聖堂に入りミサに与かった。それから2時間の祈りの時間を過ごした。祈りの間に妨げられないようにイグナチオは彼を尋ねて玄関にやって来る遣いの者を皆、私つまり副院長のほうに回すように命じた。遣いの者の中には私がどうしてもイグナチオのところに連れて行かなければならない者がいた。それはとても急いでいるとか、すぐに返事を受け取るように言われている場合である。私の記憶に残っているのは、いつも（そしてそれは何度も経験したことだが）イグナチオの表情が光り輝いていて、私が遣いの者に注意を集中しているときであってさえ、彼の眼差しに感嘆したものであった。本当に驚かされたものだ。イグナチオの表情は単に信心深く、祈りに専心している人の表情とは違っていた。

何か天からのもの、特別なものが輝き出ていた。

この家でイグナチオは亡くなった。言い伝えでは、そして十八世紀の記録にも確かめられることだが、イグナチオはしばらく病気をした後で亡くなったが、それは小さな寝室のほうではなく、最も大きな部屋であった。

死の夜、看護していたカニザロ修道士はイグナチオが「ああ、わが神よ」と呟くのを聞いた。秘書のポランコは次のように記している。

> われらの師父は死の床に横たわった。私は聖ペトロ大聖堂に急いで出かけ教皇（パウロ四世）に謁見した。教皇は大変悲しんでおられ、教皇の祝福と、そのほか何でも与えることのできるものをすべて好意的に与えた。日の出の2時間後、およそ7時ごろに、師父イグナチオは苦しむことなく、たましいをその創造主にして主である神に返した。クリストバル・デ・マドリッドとアンドレ・フリュー修学修士が看取った。

「われらの主である神が師父イグナチオをうたかたの生から永遠の生命へと呼び返されたこの同じ部屋で」、イグナチオの後継者としてディエゴ・ライネスが総長に選ばれた。1558年7月2日である。選挙の部屋は師父を失った悲しみと祈りに満たされた。

> 神の恵みにより、師父イグナチオのような人物が後継者として得られるよう皆が希望した。

イグナチオ・デ・ロヨラの居室
──ローマ・イグナチオ巡礼のクライマックス

コラム
6

「イグナチオのローマ」(Roma Ignatiana) 巡礼の頂点であり最終目的地は、彼が晩年をすごし、会憲を書き、そして息をひきとった「イグナチオの部屋」である。この部屋は、現在ローマのジェズ教会(Chiesa del Gesù)に隣接するイエズス会・ジェズ国際神学院(Collegio Internationale del Gesù)の建物の中に吸収されたかたちで維持保存されている。筆者は1988年から1991年の3年間この家を住まいとする幸運を得た関係で、「イグナチオの部屋」には人一倍の

思い入れをもっている。

　イグナチオがこの地に居を構え始めた1540年代当時、現在のような「ジェズ教会」はまだなく、ただベネチア広場に隣接する小さな「道の聖母」(Santa Maria della Strada) の小聖堂教会と隣の一軒家（後のイグナチオの住まい）が存在していた。イグナチオはこの小聖堂の祭壇画「道の聖母」に特別の信心を抱いており、ジェズ教会建立後はイエズス会にとっても大切な宝物となっている（その御絵は現在ジェズ教会の左陣、正面祭壇横の小聖堂に当時の姿のまま修復され残されている）。ここでイグナチオは、当時世界に広がる2,000名ちかい会員の指導にあたっていた。

　ジェズ教会のロケーションであるローマ市街のチェントロ地区は、現在でも巡礼者や観光客でごったがえすローマ有数の喧騒につつまれた場所である。ちなみに、筆者がこの家ですごした1990年前後のころはイタリアの政界がテロで揺れていた。教会の真向かいは「キリスト教民主党」の本部が今でも居を構えているが、アルド・モロ首相（同党）がテロ組織「赤い旅団」に誘拐・拉致され、暗殺されて遺体となって発見（1978年）されたのが教会から2ブロック先の路地裏であったこともあり、10年を経過してさえ、ジェズ教会の正面には重装備の武装警官が終日監視の目をひからせていた。

　ジェズ神学院の建物（当時は「盛式誓願会員」のための住居）は、かの「天正遣欧少年使節」がローマ滞在中宿舎としたところでもある。1585年（天正13）、使節一行が到着した夕刻、新築されてまもない教会前で、アクアビーバ総長をはじめ多くの会員が松明行列で一行を出迎え、その後少年たちを隣接の建物に迎え入れたと記録されている。少年たちはすぐに創設者イグナチオゆかりの部屋に案内されただろう。3年にわたる長旅の旅装を解きながら、イグナチオやザビエルのことを想いつつ神に感謝の祈りをささげたにちがいない。

　イグナチオ・デ・ロヨラが執務し臨終をむかえた部屋は、400年の間に数多くの手が加えられていた。1988年当時

は、十九世紀のイタリア貴族の館のような深紅の壁紙と装飾が印象的な内装で、豪華な博物館にでも迷い込んだかの印象をうけたものだ。ところが、二十世紀後半の「歴史修復」ムーブメントにより、米国のイエズス会員で建築の専門家でもあったルーカス神父の監督の下、イグナチオの居室とその周辺の大改築工事が立案され、歴史的復元が実行された。1990年から1年余りの間、その作業場と化したイグナチオの居室に通ってくる「修復専門家」らの作業を目の当たりにできたこと、そして十六世紀当時の家の構造を身近に確認できたことは幸いであった。

　イグナチオが住んでいた当時の姿を再現することが「歴史的修復」の最大のコンセプトだったようである。その結果、長年の改装をかさねて加えられてきた壁面の装飾がすべて削りとられ、その下に隠されていた当時のままの姿が日の目をみることになった。イグナチオが使っていたと思われる暖炉跡が煤汚れのままで残されていたり、天井板がはがされたとき、当時のローマ民家で一般的に使われた骨太の木製の梁が姿を現した（現在、現場で目にする梁はそれを磨きあげて再利用したもの）。さらに、イエズス会の建築家・画家として活躍したアンドレ・ポッツォ（1709年没）の手になるイグナチオ居室横の回廊の「だまし絵」（ある地点に立つと目の前の平面的な絵が立体的奥行きをもって俯瞰できる手法）の壁画の下、別の原画があることなども判明した。この修復工事が可能にしたのは、訪れる巡礼者にイグナチオ・デ・ロヨラが目にしていたと同じ光景を共有できるようにしたことである。

　イグナチオが夜空に輝くあまたの星を見上げながら、創造主の御業を黙想した「窓」とテラスも当時のままである。残念ながら、部屋は大建造物に覆われたため夜空を見上げることはできなくなったが、「窓」枠が当時のままというのがせめてもの慰めである。

　イグナチオが臨終をむかえた寝室は、現在小さな聖堂として、世界各地から多くの巡礼者をむかえる聖なる空間となった。その聖堂にたたずみ、しばしイグナチオと初代会員につ

いて黙想することができる。「神のより大いなる栄光のため」に召されたイグナチオ・デ・ロヨラとその同志たちを、世界中のどこよりも身近に感じることのできる空間。それが「イグナチオの部屋」である。（川村信三）

18 アラチェリ広場　PIAZZA D'ARACOELI

この広場の中央付近にメルカテルロの聖ヨハネ教会が建っていた。この教会に隣接して、イグナチオは改宗したユダヤ人のための家を２棟建てさせた（ひとつは男性の住居、他は女性の住居として）。またこの家を管理するための信徒の会を創設した。

この使徒職の関連でイグナチオは有名な言葉を述べている。それは十六世紀のスペイン貴族の１人を驚かせたものであった。イグナチオは自分がユダヤ人に生まれればよかったのに、という希望を口にした。それを聞いた者の幾人かがまゆをつり上げたのを見て、イグナチオはさらに「本当だ！ 私たちの主イエス・キリストと私たちの女主人、栄光に満ちたおとめマリアと血縁で結ばれたらどんなにすばらしいか」と言葉を加えた。

この広場の端のカンピドリオに向かうあたり、現在のマラテスタ宮殿のそばがローマ学院の最初の所在地であった。1551年2月22日に院長のペレティエル神父は２人の教授と15人の修学修士とともにここに移転してきた。その次の日には授業が始

められた。イグナチオは入口の扉の上に次のように書かせた。

Schola di grammatica, d'humanità e dottrina cristiana
gratis（初等教育、人文学教育、キリスト教教義の学校、無料）

19 アラチェリ教会
CHIESA DI SANTA MARIA D'ARACOELI

　ここでイグナチオは1539年12月４日にミサをささげ、バルト
ロメ・フェラオの誓願を受け取った。イグナチオはフェラオをか
ねてから「試練不可能な人物」と呼んでいた。それはフェラオが
「勉学に進みたいのかそうでないのか」、つまりイエズス会の中
での働きの道として司祭と修道士のいずれの道を望むかをフェ
ラオ自身の口から引き出そうと何度も試みたが、フェラオは「心
のすべて、すべての力をあげて聖なる従順のもとに従いたい」と
答えるのみであったからである。

　若い司祭としてフェラオはイエズス会の秘書となり（1545年
〜1547年）、1548年に亡くなった。

20 慰めの病院　OSPEDALE DELLA CONSOLAZIONE

　建物は現在兵営として用いられている。イグナチオの時代に
はここに救貧院があり、イエズス会の修練者が修練の間の第2
の実習として働いた。

　　病人にも健康な人にも皆を援助し仕える。それはすべてに
　　おいて、彼らのために十字架につけられた創造主であり主
　　である方に仕えるようにとの使命を与えられているとおり
　　である。（会憲）

　ここで働いた者の中にコルネリウス・ビシャーフェン神父がい
る。神父はベルギー人で司祭としてイエズス会に入会した。後に
イグナチオは神父を修練長に任命した。神父がこの病院で修
練の実習を行っていた間に神父はルター派の病院長や医者か
ら酷い扱いを受けた。50年ほど後の時代に、アロイジオ・ゴン
ザガもこの病院で奉仕し、自らも病魔に倒れた（1591年）。

ジェズ教会からナボナ広場まで

21 ジェズ通り VIA DEL GESÙ

　この通りの、聖ステファノ・デル・カッコ教会の近くに、ローマ学院の第2の所在地があった（1551年〜1557年）。1553年11月6日に哲学と神学の講座が開設され、1556年2月6日には最初の博士の学位授与が行われた。1557年1月6日から3日間、ヘロニモ・ナダールの指導で最初の誓願更新を準備する3日間の黙想（triduum）が行われた。修学修士は三つのグループに分かれて、ボバディリァ、ナダール、ポランコ神父がそれぞれ司式するミサ中で誓願を更新した。

　ジェズ通りを抜けて右に曲がり、ピエ・ディ・マルモ通り（Via del Pié di Marmo大理石の足）に入る。現在大理石の足の彫刻が置かれているあたりに、イグナチオが1552年に新設したゲルマニクム学院の二棟の建物があった。翌1553年には学院を拡張するために、（しばらくラルゴ・アルジェンティナのチェザリニ宮殿に移って後）聖ステファノ・デル・カッコとピーニャ広場の聖ジョバンニの間の建物を借りた。この建物はほぼジェズ通りまで広がる大きさをもっていた。

22 ソプラ・ミネルバ教会
CHIESA DI SANTA MARIA SOPRA MINERVA

　この教会の主祭壇の下にはシエナの聖カタリナの墓が置かれている。聖カタリナの著作を初代のイエズス会員はよく読んでいた。それは、ランチチウスの言葉によれば、この聖女が「生活においても言葉においても活動においても、イエズス会の基本法（Institutum）が規定している道を歩んだ」からであった。聖カタリナの著作が「神の栄光と人々の救いを探し求める」ことを強調していて、また教皇制の改革が必要であるとの聖女の確信も模範的であると思われたのであった。

　この教会でドミニコ会士トマス・ステラが「聖なる祭壇の秘跡

の大兄弟会」を創設し、1539年に教皇パウロ三世により認可された。イグナチオと5人のイエズス会神父がこの会に加入した。イグナチオは手紙の中で、スペインのアスペイティア（Azpeitia）にいる会員にこの兄弟会を開くよう勧めている。

1554年3月8日には「聖墳墓の大兄弟会」も創設され、イグナチオも立ち会ったと思われる。そのときの説教を行った神父は中東に3つのイエズス会の学校（キプロス、コンスタンチノープル、エルサレム）を創設する計画を発表したが、いずれも実現しなかった。当時ローマにいたイエズス会神父は全員この兄弟会に加入した。

聖トマス・アクィナスの祭壇（聖堂右側）には教皇パウロ四世カファラ（1555年〜1559年在位）の墓がある。イエズス会の基本法（Institutum）の個々の点で教皇は納得していなかったが、それでもイグナチオが生存中は何も変更を求めなかった。パウロ四世は、当時すでに教皇立の大学が存在していたにもかかわらず、ローマ学院が学位を授与する権利を認め保護した。イグナチオの死後に教皇は「会憲」の再検査を命じたが、何も変更せずに返却した。会憲がそのまま返却されたので、教皇が承認したものと受けとめられたとナダールは記している。それにもかかわらず、その後で教皇はイエズス会に聖務日課の共唱を義務づけ、総長の任期を終身制から3年任期に変更させた。しかし

この命令は口頭で行われたので、教皇の死後（1559年）には解除され、先任の教皇の大勅書の効力が回復した。新教皇ピウス四世はイエズス会会憲を確認した。

　1549年に作製された「道の聖母」教会の香部屋係の規則によると、ミサの前に打ち鳴らされる教会の鐘は聖マリア・ソプラ・ミネルバ教会から道の聖母教会まで歩く時間（約4、5分）ほど鳴らさなければならないことになっていた。

23 ロトンダ広場　PIAZZA DELLA ROTONDA
　パンテオンの前の公共広場でイグナチオは人々にしばしば要理を教えた。

24　パンテオン　PANTHEON
　この建物の中でイグナチオは1542年に、ポルトガルの「新キリスト者運動」から派遣されてきたディエゴ・エルナンデスという人物と長く話し合った。

25 聖エウスタキオ教会　CHIESA DI SANT'EUSTACHIO
　ここで1552年10月28日に、ローマ学院の講義が始まった。

　実は、ローマ学院ゆかりの教会である。パン
テオンやジェズ教会からナボナ広場やバンキ・
ベッキ通りを抜け、バチカン方面に向かう前に通
る場所に位置する教会である。教会の入り口横のかなり高
い場所には、1495年のテベレ川氾濫の際、押し寄せた川の
水位を示すラテン語で書かれた石のプレートがかけてある。
イグナチオたちもこのプレートを見たであろうか。今では、
聖エウスタキオの名前は、教会近くのバール（Bar）、Sant'
Eustachio Il Caffè として多くの人に親しまれている。

コラム
7

（酒井陽介）

26 サピエンツァ（智恵）宮殿
PALAZZO DELLA SAPIENZA

　十六世紀にはラ・サピエンツァ大学（ボニファチオ八世により
1303年に創立）がここにあった。1587年に現在の建物が完成
する以前の時期に、ペトロ・ファーブルとディエゴ・ライネスが無
給講師として教えた（1537年〜1538年）。ファーブルは聖書を、

ライネスはガブリエル・ビエルスの『ミサ典礼文』の註解を教えた。ライネスは後年次のように語っていた。

　　初めのうちは、講義はあまりうまくいかず、イグナチオが恥ずかしく思っていたほどであったが、やがて上達して皆満足してくれた。

　サルメロンもおそらくここで1539年か1940年に教えたと考えられる。

27 スペイン人の病院、聖ヤコブ病院

OSPEDALE DI SAN GIACOMO DEGLI SPAGNOLI

(Corso del Rinascimento. Piazza Navona)

　現在のマリアの聖心教会は以前、聖ヤコブと呼ばれていた。隣接する建物に宿泊施設兼病院（Spital）があった。扉の一部に今もなお貝のデザインが見られる。これは巡礼地コンポステラの聖ヤコブのシンボルである。

　1523年の3月29日から4月13日または14日まで、イグナチオがローマ巡礼の間にここに宿泊したことは疑いない。病院は単に病人の世話を行っただけでなく、スペインから来た貧しい巡礼者のための22のベッドを備えていた。

　1537年3月末から5月初めまで、イグナチオの同志たちもこ

こに住んでいた（当初はスペイン人のみ、のちに全員）。ある夜シモン・ロドリゲスが目を覚ますと、フランシスコ・ザビエルが寝言に「もっと、もっと、もっと」と叫んでいた。フランシスコ・ザビエルは神の奉仕のために大きな困難や厳しい迫害を受ける夢を見ていた。将来のインドの使徒は、神にさらに大きな苦難を願っていた。

　この病院の規則では、パンや肉を寝台の上に置くことを禁止していた。さもないとネズミが掛け布を食い破るからである。

28 マダマ宮殿　PALAZZO MADAMA
（イタリア共和国上院）

　ここはオーストリアの貴族マダマ・マルガリタ（皇帝カール五世の庶娘）の住居であった。マダマはメジチ家の者と結婚したが寡婦となり、後に1534年にパウロ三世教皇となったアレッサンドロ・ファルネーゼの孫、オッタビオ・ファルネーゼと再婚した。アレッサンドロは保護者としての配慮からマルガリタのために聴罪司祭として初めはコデュールを、その死後はイグナチオを頼んだ。

　1545年8月27日にイグナチオはほとんど1日をこの宮殿で過ごした。出産の直前の朝にマルガリタは告解をした。午後に

はイグナチオは再び宮殿に戻って、出産のときまで聖堂で祈りながら待った。生まれたのは双子であった。その1人は死ぬ直前に看護婦から洗礼を授けられた。生き残った子は、やはり生命の危険があったので、直ちにイグナチオにより洗礼を授けられた。この子どもは成長してアレッサンドロ・ファルネーゼ将軍となった。

　マルガリタはイグナチオのローマでの使徒的活動を寛大に援助した。しばしばイグナチオに託して200～300ドゥカット（約400～600万円）を貧しい人々のために差し出した。彼女自身はその金で貧しいイエズス会員の生活をいささかでも楽にしようとするつもりもあったのだが、イグナチオは全部を貧しい人々のために分けてしまった。

29　フランス人のための教会、聖ルイ教会
CHIESA DI SAN LUIGI DEI FRANCESI
（Piazza San Luigi dei Francesi）

　クロード・ジェイが1538年にこの教会で説教を行い、大きな影響を与えた。フランシスコ・ザビエルは1539年から1540年までこの教会で告解を聴いた。

ローマでルネッサンス画家カラバッジオの絵を
見たいならば、誰もがこの教会を目指すと言っ
ても過言ではない。ここには、彼の傑作の一つ、
『聖マタイの生涯の三部作』が、掲げてあるからだ。特に、
『聖マタイの召命』の絵は、見るものを祈りへと誘う。光が入
り込む扉に立つイエスが、指し示す先には、勘定に精を出す
マタイがいる。光と影の画家と言われるカラバッジオの作品
の醍醐味を十二分に味わえる大作であり、ローマを訪れる
際には、ぜひ足を運んでほしい。しばし、絵を前にして、祈り
の時間をもつのもいい。付近でいえば、カラバッジオの絵は、
聖アウグスティヌス教会（『巡礼の聖母子』）やポポロ門横に
あるサンタ・マリア・デル・ポポロ教会（『聖ペトロの殉教』と『聖
パウロの回心』）などでも見ることができる。ちなみに、聖アウ
グスティヌス教会内部の左３番目の柱に、ラファエロ作のフ
レスコ『預言者イザヤ』が描かれている。（酒井陽介）

コラム
8

30 聖アウグスティヌス教会
CHIESA DI SANT'AGOSTINO（Piazza S. Agostino）

　1538年の四旬節にこの教会で司祭アゴスティノ・マイナル
ディ（パビアのアウグスティノ会修道院上長）が多くの聴衆を前に
説教を行い高い評判が立った。それを聞くためにファーブルと
ライネスが来てみると、驚いたことにルターの義認論を教えて
いた。それで個人的にマイナルディと話して神学上の誤りを注
意し、またマイナルディの説教を聞いた人の幾人かにもそれを
伝えたが無駄骨に終わった。そこでイエズス会員たちは5月か
ら、マイナルディの誤りについて（当人の名前を明らかにすること
なしに）説教を始めた。これはマイナルディの信奉者たちの反感
をかった。このとき6カ月続いた反対運動はイグナチオにとって
「生涯の間に受けた迫害の中で最も過酷なものであった」。

　聖アウグスティヌス教会の近くに、教皇代理フィリッポ・アル
キントの家があった。彼は1548年に「霊操」の認可を与えた検

閲官の1人で、霊操を高く評価して「これは称賛に値し、キリスト教徒の生活にきわめて役立つものである」と言っている。

イグナチオは日記の中で、1544年2月24日に彼が教皇代理の家のそばを通ったとき、イエスの現存を感じ、涙を流したと書いている。

31 アルテンプス宮殿
PALAZZO ALTEMPS（Via S. Apollinare, 8）

この宮殿は十六世紀半ばにはスペイン大使の邸宅として用いられた。リバデネイラが伝える会談が行われたのはここだったはずである。このときの大使はマルケス・デ・アギラ（ホアン・フェルナンデス・マンリケ）であった。彼は1536年から1543年までこの職にあった。ある日イグナチオが大使を訪問したとき、大使は彼に注意を促した。というのは、イグナチオが貧しさと慎ましさを売り物にして実は教会の高い職位か何か、ほかの収入を得ることを狙っているのだと考える人たちがいたからである。

それを聞いてイグナチオは帽子を取り、十字架の印をして、キリストの代理者が義務づけ、それに背くと罪となる場合でなければ絶対にイエズス会の中の職務以外の職務を受け取ることはしないと誓った。

1544年にイグナチオは、ドンナ・エレアノル・オソリオ（新しいスペイン大使、ドン・ホアン・デ・ベガ［1543年から1547年在職］の妻）の家の聴罪司祭であったことが記録に残されている。彼女は同国人であるイグナチオの使徒的慈善活動、特に聖マルタの家を寛大に支援した。

1545年ころのある日、大使の招いた客の2人が、宴会の食事の席順を巡って争いを始め、暴力沙汰になった。イグナチオは仲裁役を果たして争いを治め、流血を避けることができた。侮辱されたほうは杖で相手をたたくことで怒りをおさめ、それから和解の抱擁を行った。イグナチオは和解の証人になり、和解の証書を作成した。

32 アニマの聖マリア教会
CHIESA DI SANTA MARIA DELL'ANIMA
（Via di Santa Maria dell'Anima）

　教会右側の脇祭壇に教皇ハドリアノ六世の墓碑がある（1522年から1523年在位）。1523年3月31日に教皇ハドリアノはロヨラのイニゴ（"Enecus de Loyola"）に「彼が望むとおりに、聖墳墓やそのほかの聖なる場所を長い黙想をしながら個人的に訪問する許可」を与えた。

33 枢機卿デ・クピスの宮殿
PALAZZO DEL CARDINALE DE CUPIS
（Piazza Navona, Via di Santa Maria dell'Anima）

　ナボナ広場と三つの通り（V. Santa Maria dell'Anima, V. Lorenesi, V. Sant'Agnese in Agone）に取り囲まれた宮殿は枢機卿アスカニオ・スフォルツァのために建てられた。イグナチオの時代には枢機卿ジアン・ドメニコ・デ・クピス（トゥラニの司教）の邸宅になっていた。

　初代のイエズス会が激しい迫害を受けていた1538年に枢機卿はイエズス会の悪評を真に受けていた。イグナチオは枢機卿を訪問し、控えの間には面会を待つ人々が多くいたにもかかわらず、2時間にわたって会談した。会談のあと枢機卿は深い感動を覚え、イグナチオの前にひざまずいて、誤解のゆるしを請うた。それから枢機卿はイグナチオとともに部屋を出て玄関の門まで見送った。

　1544年2月24日の日記にイグナチオは次のように記している。

　　　トゥラニ（枢機卿）の家の中に入ったとき、私はイエスを感じあるいは見て、深い感動を覚え、多くの涙を流した。…このときに私の中にイエスへの大きな愛があり、イエスを強く感じあるいは見たので、将来にわたって私をイエスから離せるものはまったく何もないと思えるほどであった。

34 ブラスキ宮殿
PALAZZO BRASCHI（Via di Pasquino）

　ナボナ広場の南のこの付近に、ドミニコ会士で枢機卿であったホアン・アルバレス・デ・トレドの屋敷があった。ホアン・アルバレスはブルゴスの司教になり、後にサンチアゴ・デ・コンポステッラの大司教に任じられた。イグナチオの大の親友で、創立されたばかりのイエズス会を大いに助けた。イグナチオにとってアルバレスは教皇との仲介者であった。この枢機卿は「霊操」の検閲者の1人で、好意的な判定を下した。

　　我々はこの小冊子の全体を読み、大変気に入った。霊操は、特に霊魂の救いのために大いに役立つものと思われる。

　1544年3月4日の日記にイグナチオはこう記している。

　　ブルゴス（枢機卿）の家の中で、またそこからの道の途中で、3時半ころまで、聖なる三位を思うとすぐに心の中に愛を感じ、またしばしば涙する感動に動かされた。

35 ダマソの聖ロレンツォ教会
CHIESA DI SAN LORENZO IN DAMASO
（Piazza della Cancelleria）

　この教会で1538年5月にペトロ・ファーブルが説教を行った。フランシスコ・ザビエルは1539年から1540年に要理を教えた

（教会入口の右の柱の裏側にこの聖人の像が置かれている）。

　聖なる祭壇の秘跡の兄弟会の小聖堂（左の第1の小聖堂）はドンナ・テレサ・エンリケスが寄進したもの。この婦人は「聖なる祭壇の秘跡（聖体の秘跡）を受けるのに熱心であった」と記録が残っている。イグナチオがスペインのアルカラで（異端の疑いを受けて）監獄に入れられていたとき、彼女は人を遣わしてイグナチオを訪問させ、出獄できるよう尽力した。

フィオリ広場から
バチカン聖ペトロ大聖堂に向かって

36 フィオリ広場　CAMPO DEI FIORI

　イグナチオの時代にはこの広場はローマの中心地であり、教皇の勅書や執政官の命令書などがここで公に朗読された。またここには最高級の旅館や商店があった。印刷業者のアントニオ・ブラドが印刷工場をもっていたのもフィオリ広場であり、そこで『霊操』の初版が印刷された（1548年）。またビンチェンツォ・ルキノの書店もあり、彼はフランチェスコ・デ・ビラヌエヴァとともに、ポランコの『聴罪司祭のための指針』(Directorium)」を出版した（1554年）。

　フィオリ広場はイグナチオが要理を教えた広場のひとつである。

37 ピオ宮殿　PALAZZO PIO（Piazza del Biscione, 95）

　ポンペイウスの劇場の遺跡の上に建てられたこの宮殿は枢機卿フランシスコ・デ・メンドサ・イ・ボバディリャの住まいであった。1527年に若き日のメンドサはイグナチオをサラマンカの監獄に訪ねている。監獄におしこめられてつらいかと聞くとイグナチオは「神への愛から私がもっと受けたいと望まなくてすむほどに多くの手枷や足枷はサラマンカにはありません」と答えた。

　1548年5月にイグナチオは病気であったのに、枢機卿をこの宮殿に訪ね、シチリアに孤児のための施設を建てる計画を勧めた。その他の機会にもたびたび訪問していたことは疑いがない。後に枢機卿はイエズス会の学院をサラマンカに創設した。

38 ファルネーゼ宮殿
PALAZZO FARNESE（Piazza Farnese）

　この宮殿は枢機卿アレッサンドロ・ファルネーゼ（後の教皇パウロ三世）が1514年に建築を始めた。リバデネイラはおそらく1539年から1540年に枢機卿アレッサンドロ・ファルネーゼ

（教皇の甥）の小姓として住んでいたと思われる。リバデネイラは
「告白」の中で次のように書き残している。

　　私は当時13歳であった。私はそのとき、ファルネーゼ枢機卿
　　の小姓たちとともに教皇の宮殿にいた。教皇はファルネーゼ
　　家の者のために大きな祝宴を開いた。私はちょうど、多くの
　　枢機卿や身分の高い殿方たちと同じ部屋にいた。そのときそ
　　の場にいた小姓の中の1人が私を侮辱した。私はそいつの
　　耳を殴りつけ、ちょうど手に持っていた燭台で打ちのめした。

　またほかの日にペドロ・リバデネイラは他の小姓たちととも
に郊外のぶどう園に出かけた。そのうちの1人と喧嘩したリ
バデネイラは1人でローマに帰った。処罰されるのではと怖く
なって、ファルネーゼ宮殿には戻らず、イグナチオのもとに「逃
れた」。イグナチオの名前は、リバデネイラがスペインを出発す
る前に、ペドロ・オルティス博士から聞いていたのである。この
とき以来、ペドロ・リバデネイラはイエズス会の家に住むことに
なった。

39 モンセラトの聖マリア教会
CHIESA DI SANTA MARIA DI MONSERRAT

　この教会は1495年にボルジア家出身の教皇、アレクサンデ
ル六世によって建てられ、現在もローマ在住のスペイン人のた

めの教会とされている。

1538年5月にイグナチオはこの教会で説教を行った。またほかの機会にもスペイン語で説教を行ったと考えられる。ローマに住むスペイン人たちが多数訪れ、イグナチオの説教を聴いた。オルティス博士も欠かさず聴きに来ていた。神学博士ジェロニモ・アルチェもしばしば次のように言っていた。イグナチオのように「権威ある者として」話す説教をほかに聴いたことがない。

40 ペレグリノ通り　VIA DEL PELLEGRINO

1544年にイエズス会員が門から門へと施しを乞うてまわったときに、この通りからバンキ・ベッキ通り、サンタンジェロ橋を渡り、枢機卿たちの多く住んでいたバチカンの教皇宮殿のボルゴ（区域）に行くのを常とした。帰りにはモンテ・ジョルダノ通りかコロナリ通りを通った。2人が組になってリュックサックのようなものを担いで、家ごとに門口に立って「神の愛のゆえに、イエズス会のために施しをお願いします」と叫んだ。

イグナチオにはこの騒がしいやり方が好ましいとは思えなかった。このような方式がとられたのは、人々にイエズス会が困難な状態にあることを知ってもらうためであったが、後に（その

マダマ宮殿やナボナ広場あたりからサンタンジェロ橋を渡り、バチカンに向かうとき、今でも多くの人が通る場所で、昔ながらのローマの街の趣を残している界隈のひとつだ。コロナーリとはロザリオの数珠を指す。かつて、巡礼者相手にロザリオ売りの店が多数あったという。今では、アンティークの店が立ち並び、観光客が絶えない。初期の会員たちが行き来していたこの通りは、ブエノスアイレス大司教ホルヘ・ベルゴリオ枢機卿がローマ滞在中、常宿にしていた聖職者用のホテルからバチカンに向かうとき、毎日のように通っていた。まだ誰も、彼がのちの教皇フランシスコになるとは思ってもみなかったころの話である。（酒井陽介）

コラム 9

必要がなくなっても）続けられた。それは「会計係がそれを続けるように主張したから」であった。

41 ゴンファローネの聖ルチア教会
CHIESA DI SANTA LUCIA DEL GONFALONE
（Via dei Banchi Vecchi）

　この教会で、アルフォンソ・サルメロンが1538年5月に説教した。

42 バリチェラの聖マリア教会
CHIESA DI SANTA MARIA IN VALLICELLA
（"CHIESA NUOVA"）

　この教会に聖フィリッポ・ネリ（1515年生まれ1595年没）の墓石がある。この聖人はイグナチオをしばしば訪問し、イエズス会入会も願った。彼はしばしば、イグナチオに感謝しなければならないと言っていた。というのは「内的な祈りを教えてくれたから」であった。またイグナチオの表情が燃えるように輝いているのを見たとも言っている。彼はそれがイグナチオの霊魂の美しさが原因だと思った。またフィリッポ・ネリがオラトリオ会をイエズス会に編入しようと考えていた時期もあった。

43 イ・バンキ　I BANCHI

　イグナチオの時代には、キエザ・ノバとテベレ川の間の区画がイ・バンキ（銀行）と呼ばれていたが、それはフィレンツェから多くの銀行が支店をここに出していたからであった。特に集中していたのは今日のバンコ・ディ・サント・スピリト通りのところであった。ここは昔は盛り場で、山師がうろつき、行商人が商売をしていた。

　イグナチオはここに修練者たちを派遣し、この通りで説教をさせた。それは使徒的な働きのためというよりはむしろ、謙遜さを学ばせるためでもあった。1539年にはアラオスが大仰な絹の衣装に身を包んでここに送られた。同様に1547年にはナダールもここで説教をした。ボバディリァやベネデット・パルミオ神父も1553年に「イ・バンキ」で説教した。

　イグナチオ自身もここで説教をしている。レオナルド・ビニという人物が書き残しているところによると、イグナチオがバンコ・ディ・サント・スピリトの前で要理を教えているのを見たという。道でぶらぶらしている若者たちが林檎を投げつけたが、イグナチオは大変な忍耐をもって要理を教え続けたということだ。

> コラム
> **10**
>
> 　ナボナ広場を横目にビットリオ・エマヌエレ通りに出る界隈は、ローマ中心部からバチカンやイエズス会本部に歩いて向かうとき、必ずと言っていいほど通り抜ける場所である。かつて、あまり風紀のいい場所ではなかったようだが、イグナチオが説教をして、通行人から侮辱を受けた場である。現在そこには、イエズス会員が懇意にしている安い理容店（Barbiere）がある。呑気に散髪してもらっていた場所で約500年前、創立者は忍耐の徳を積んでいたとは。（酒井陽介）

44 ラウロの聖サルバトーレ広場
PIAZZA DI SAN SALVATORE IN LAURO

　パウロ四世の主治医であったアレッサンドロ・ペトローニは

イグナチオのよい友人で、この広場の家のひとつに住んでいた。彼が病気になったときに、友の見舞いを受けた。イグナチオが窓の閉じられた部屋に入ったところ、彼は眠っていた。それで目を覚まさせてはいけないと思ってそっと出ていった。やがてアレッサンドロは起きて妻を呼び、部屋でたった今見たばかりのあのまばゆい光はどこから射し込んだのかと尋ねた。その瞬間から彼の病気は快癒した。アレッサンドロはこの出来事をイグナチオの列福調査のときに証言している。

45 ラウロの聖サルバトーレ教会
CHIESA DI SAN SALVATORE IN LAURO

　1538年5月にここでライネスが説教し、「皆が満足した」。

46 聖チェルソと聖ジュリアーノ教会
CHIESA DI SAN CELSO E SAN GIULIANO
（Via Banco S. Spirito）

　ここでボバディリァが1538年5月に説教した。

47 ノナ塔　TOR DI NONA（Lungotevere, Tor di Nona）

　地名の由来となった塔は、現在は存在しない。

　ここにローマの3カ所の監獄の中のひとつがあった。ほかの

ふたつはカンピドリオとモンセラット通り（Corte Savella）にあった。創立時代のイエズス会員はこれらの監獄を訪問していた。

48 天使城　CASTEL SANT'ANGELO

　1537年4月3日の復活後の火曜日にイグナチオの最初の同志たちがパウロ三世の御前で神学討論を行った。それは食事の間に行われた。イグナチオはこの催しを次のように記している。

　（その後で、）数多くの枢機卿や司教、神学博士たちが彼らと討論した。そのうちの1人はオルティス博士で、他の著名な学者と同様に彼らを高く評価してくれた。教皇もこの討論の聴衆と同じく大変満足し、特別な好意を示してくれた。つまり第1に、エルサレムに行く許可を与えて、そのためにひとつないしふたつの祝福を与え、彼らが規定を守るように求められた。第2に60ドゥカットを施しとして手渡された。また枢機卿たちやそのほかの人々からも合わせて150ドゥカット（約300万円）を与えられた。第3にすでに司祭に叙階されていた会員に"ゆるしの秘跡"を授ける許可を与え、また司教に保留されている事例もゆるしを授ける許可を与えた。第4に司祭に叙階されていない会員に相続財産（patrimonium）や聖職禄（beneficium）がなくとも司祭叙階の許可（Dimissoria）

を与えた。つまりどの司教でも連続する3日の祝日や主日に副助祭、助祭、司祭に次々と叙階することがゆるされた（このあと、イグナチオの最初の同志たちは一旦ベネチアに帰って、聖地に向かう船便を待った。しかし聖地巡礼が不可能とわかったので、ローマに向かうことに決めた）。

　天使城でパウロ三世は1549年9月2日に、これからドイツに旅立つペトロ・カニジオおよびパレルモの学院を創立するために派遣される10人の修学修士を引見した。

　イエズス会が解散させられたときに総長だったロレンツォ・リッチは1773年9月24日から1775年11月24日に亡くなるまで、天使城に収監された。

49 聖霊病院　OSPEDALE DI SANTO SPIRITO

　1539年2月20日にライネスとボバディリァがこの病院の兄弟会のメンバーとして受け入れられた。またイグナチオも1541年9月24日に加わっている。それぞれ20年分の寄付をしたが、おそらく兄弟会のメンバーとして受けるはずの大きな恵みや霊的な特権に感謝するためであったのだろう。

50 聖墳墓騎士団の宮殿
PALAZZO DEI CAVALLIERI DEL SANTO SEPOLCRO
（Hotel Columbus, Via della Conciliazione）

　建物は15世紀にドメニコ・デッラ・ロベレ枢機卿のために建てられ、1547年の年初にはジョバンニ・サルビアーティ枢機卿の屋敷であった。ある夕方、イグナチオは枢機卿を訪ねて援助を求めた。それはクロード・ジェイがトリエステの司教に任命されるのを取り止めるよう計らってほしいというものであった。

　フェラオが書き残しているところによると、「このときのイグナチオの几帳面さは信じられないほどのものであった。まるで毎日の仕事のノルマでさえもまだ足りないかのように、夜明けとともにさらに3人の枢機卿を訪ねた。それもその3人の枢機卿の住まいは1マイル以上も互いに離れていて、たとえばガッディ枢機卿はモンテチットリオに、サルビアーティ枢機卿は教皇宮殿の近くのボルゴ Borgo に住んでいた」。

　1656年以降は、この建物は聖ペトロ大聖堂付の聴罪司祭の住まいとして、イエズス会解散まで用いられた。

51 教皇宮殿　PALAZZO APOSTOLICO

　イグナチオはここにしばしば教皇に謁見するため、またここに住む枢機卿たち、たとえばチェルビーニ枢機卿やモローネ枢機卿を訪問するために訪れた。

　「聖ペトロの傍らの」住まいでパウロ三世は大勅書 Iniunctum nobis を1544年に発布した。これにより教皇は改めてイエズス会を承認し、会憲起草を許可し、盛式誓願会員を60人に限るという制限を撤廃した。ユリウス三世は1550年に大勅書 Exposcit debitum をもって、イエズス会の「基本法（Formula Instituti）」を承認した。

　近代の教皇たちが住む建物は、イグナチオの死後30年が過ぎたころに建築家ドメニコ・フォンタナによって教皇シクストゥス五世のために建てられた。それ以前の教皇宮殿は聖ダマソ回廊（Cortile San Damaso）の西側、聖ペトロ大聖堂とベルヴェデーレ回廊（Cortile del Belvedere）の間の部分であっ

た。もちろんシスティナ聖堂とボルジアの館も含んでいた。

52 聖ペトロ大聖堂　SAN PIETRO IN VATICANO

　イグナチオの時代には「新しい」聖堂はまだ建設中で、工事はユリウス二世により始められた。1547年に当時71歳のミケランジェロが工事の総監督となった。古いコンスタンティヌス皇帝の建てた聖堂を順次壊しつつ工事が進められた。

　聖ペトロ大聖堂はローマの七つの巡礼聖堂のひとつで、イグナチオも1523年の3月または4月に七つの聖堂の巡礼を行っている。また最初の同志たちも1537年の3月または4月に同じく行っている。聖ペトロ大聖堂から始めて、徒歩で教会を巡礼して回るのが普通であった。1541年4月22日の誓願の日には全員が聖ペトロ大聖堂に集まった。

　1544年3月6日にイグナチオはここで神秘的な体験をしている。日記には次のように記されている。

　　聖ペトロに来て聖体の前で祈り始めたとき、同じ輝く色を

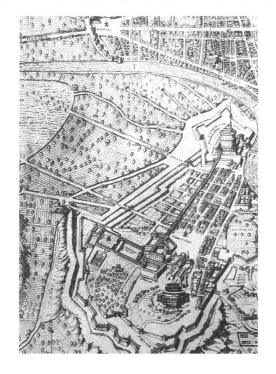

もってあのいつもの神的存在が目の前に現れた。そしてそれを見まいと努めても抗し難いほどであった。そのあとで私がサンタ・クルス（チェルビーニ枢機卿）のミサに参加したときにも、まったく同じようにして「目の前に現れるもの」を「眺めること」、そして内的な感動があった。その2時間後に聖体の置かれている、前と同じところに戻って、前と同じ体験をしようとしたが、いくら努めてみても、もう不可能であった。

聖体の秘跡の小聖堂は当時、現在のコンフェッシオ（聖ペトロの墓の上につくられている主祭壇のあたり）の近くにあった。今はラファエロの「主の変容」のコピーのモザイクが置かれているところである。

1549年9月4日にペトロ・カニジオが盛式誓願を宣立した。誓願の前にカニジオがコンフェッシオの祭壇の前にひざまずいていると、イエスの聖心の幻が見えた。

> あなたは私に同時にあなたのいとも聖なる御体にある心臓を開いてくださったので、私には直接それを見ているように思えました。あなたは私にその泉から飲むように命じ、私の救いとなる水をあなたの泉から汲むように勧めてくださいました。（『告白』より）

1547年にイグナチオはファルネーゼ枢機卿の意を帯して、聖ペトロ大聖堂の壁の内側に住んでいた修道女会の生活様式の改革の試みを援助した。イグナチオはこの厳しい隠修生活をする修道女会に新しい規則を起草して与え、イエズス会神父を1人、修道院付司祭に任命した。修道女たちは古い聖堂の左側の入口の近くにあったオラトリオに住んでいて、回転扉を通って聖堂に入り、ゆるしの秘跡や聖体の秘跡に与ることができた。1571年には3人の会員を数えるだけになり、ピウス五世は聖ペトロ大聖堂南側の聖マルタ・ホスピスに移転させた。

玉座の祭壇の左側のアプシス（半円形の張り出し部分）に教皇パウロ三世・ファルネーゼ（1534年から1549年在位）の墓石がある。この教皇は1538年に、最初の会員たちの派遣の申し出を受け入れた。ペトロ・ファーブルはこの出来事に「神の特別

の恵みとイエズス会の創立」を見た。パウロ三世はイエズス会を認可した教皇である。1539年にまず口頭で、そして翌年には大勅書 Regimini militantis Ecclesiae、さらに1544年には大勅書 Iniunctum をもってイエズス会を正式に認可した。また、1548年に小勅書 Pastoralis officii をもって『霊操』を認可した。

　地下聖堂には教皇ユリウス三世（1550年〜1555年在位）とマルチェルス二世（1555年在位）の墓石がある。この2人の教皇は創立間もないイエズス会に友好的であった。

　ユリウス三世は1550年に大勅書 Exposcit debitum により、第2の「イエズス会基本法 Formula Instituti」を認可した。またローマ学院が安定した経済的基盤をもてるよう配慮した。マルチェルス二世は教皇宮殿に側近として仕えるイエズス会神父を2人派遣するよう求めた。イグナチオはその1人としてライネスを任命し、さらに教皇に4、5名の候補者名を記したリストを差し出して、もう1人を教皇自身が選べるようにした。この教皇の在位期間はわずか21日間であった。教皇の甥にあたるロベルト・ベラルミーノは1560年にイエズス会に入会した。

城壁の外の聖パウロ教会から城壁の外の聖ロレンツォ教会に向かって

53 城壁の外の聖パウロ教会
BASILICA DI SAN PAOLO FUORI LE MURA

この教会はローマの七つの巡礼聖堂のひとつで、イグナチオは1523年の3月または4月に、また最初の同志たちも1537年3月または4月に巡礼している。

1541年4月22日は復活の金曜日であったが、イグナチオと、ローマに集まっていた5人の同志たち、つまりライネス、サルメロン、ブロエ、ジェイ、コデュールがともに盛式誓願を宣立した。イグナチオは、「聖パウロに着いてから、6人全員は互いに告白した。そしてイニゴがこの教会でミサをささげ、他の者がイグナチオの手から聖体を受けるのがよいと決めた。誓願は次のようにして宣立した。ミサをささげるイニゴが聖体拝領の直前にパテナに置かれた主の御体を片手に取り、もう一方の手には誓願の

定式を記した紙を持って、ひざまずいている同志たちのほうに向き、声に出して誓願を立てた。……それから聖体を拝領した。聖体拝領のあとで、聖別されたホスチアをパテナの上に置き、それを持って同志たちのほうに向かった。同志たちが告白の祈りをして『主よ、私は至らない者です……』と唱えてから、同志たちの1人が誓願の定式を記した紙を手に取り、声に出して誓願を立てた。それから聖体を拝領した。他の4人も順々に同様にして誓願を立てた」と記す。

　このミサは、聖体が安置されていた聖なるおとめマリアの祭壇でささげられた。当時、聖櫃はコンフェッシオの上の凱旋門の右の柱に向かうところに置かれていた。

　イグナチオはさらにこう書き続けている。

　　ミサが終わって、特権の与えられているいくつかの祭壇で祈りをささげてから、主祭壇の前に集合した。5人は順々にイニゴに歩み寄り、イニゴもひとりひとりに歩み寄った。互いに抱き合い平和の口づけを交わした。深い感動と涙のうちに誓願宣立と、またこれから始まる召命の祝いを終えた。

　同席したリバデネイラはコドゥールのあまりの信心深さに驚いて、こう記している。

　　彼は神から与えられた非常に大きな慰めの中にあったので、泰然自若としていられないほどであった。……彼はライネスの前に立って外の野原に出ていったが、深いため息と涙を流しながら天に向かって祈るのが聞こえた。彼がそれほど激しく神に祈るので、我々は彼が気を失って倒れてしまうのではと恐れたほどであった。

　数カ月後に聖パウロ聖堂のおそらく同じ祭壇で、イグナチオはボバディリャの誓願を受け取った。ボバディリャが初めのうちはためらっていたので、それを乗り越えるようにとイグナチオは3日間断食を行った。

　1542年2月19日にアラオス神父もイグナチオの前で誓願を立てた。彼はイエズス会創立にかかわった最初の同志たちにあとから加わった者の最初の人物である。

54 聖セバスチアン教会

CHIESA DI SAN SEBASTIAN AD CATACUMBAS

（Via Appia Antica）

　この教会もローマの七つの巡礼聖堂のひとつで、イグナチオは1523年に、また最初の同志たちも1537年に巡礼に訪れ、またイエズス会を創立する誓願宣立の日、つまり1541年4月22日にもここに来ている。

　ナダールはここで1552年に特別な霊的慰めを受けている。それはイエズス会の会則ないし生活様式から教会が受け取る実りについて彼が思い巡らしていたときのことである。自分にとって「会憲」を施行し説明する仕事に協力する以上にすばらしい仕事はないと感じたということだ。

55 ビア・アッピア・アンティーカと聖セバスチアン門

VIA APPIA ANTICA — PORTA DI SAN SEBASTIANO

　イグナチオは、貧しい巡礼者としてこの門を通って1523年3月29日にローマに入った。その日は枝の主日であった。およそ1500年以前にも聖パウロがキリストのゆえの囚人としてこの門をくぐっている。

現在の聖セバスチアン門

56 アントニアーナのぶどう畑

VIGNA ANTONIANA（Viale Guido Baccelli, 56）

　この地所はイエズス会の古い証書に「バルビーナのぶどう畑」と呼ばれている。

　イグナチオはこの地所を1555年にローマ学院の学部と学生

のための別荘として購入している。このころローマ学院は非常な経済的困難の中にあったが、イグナチオは「学生たちの健康のためにはこれを購入しなければならないと考えた。学生数が非常に多くしかもさまざまな国から来ているので、イグナチオは学生たちが病気になるのを心配した。その上ローマの気候は、特に外国から来ている者にとっては健康的ではなかった」と考え、地所を購入する前にイグナチオはアレッサンドロ・ペトローニ博士に頼んで下見をしてもらっている。博士はローマで名の知れた医師で、健康を保持するのにふさわしい土地かどうかを確かめてもらったのだ。

　イグナチオ自身もこの家で行われるスポーツに参加し、また蝋細工にも手を染めたほどであった。イグナチオは繰り返し言っていた。初めにスポーツの規則をはっきりと決めておくと、あとから来る者にとって良い模範となると。

　この家でイグナチオは最後の病気の時期、つまり1556年7月のほぼ1カ月間を過ごした。イグナチオの部屋は後に小聖堂に改装され今日も残っている。この家は現在フランシスコ会の所有になっている。言い伝えによると、庭の松の木の1本はイグナチオが植えたものだといわれる。

　ナダールの記録によれば、イグナチオは演説の才能のある若い会員にローマの遺跡で声と身振りを訓練させるよう望んだ。

ナダールが言うローマの遺跡とは、ここに向かい合っているカ
ラカラ浴場跡の遺跡であろう。

57 チェリオの聖グレゴリオ教会
CHIESA DI SAN GREGORIO AL CELIO
（Piazza di San Gregorio）

　この教会の「グレゴリオの祭壇」でイグナチオは1539年に、
兄弟マルティンの冥福のためにミサをささげている。

58 御受難会総本部
CURIA GENERALIZIA DEI PASSIONISTI
（Piazza di SS. Giovanni e Paolo, 14）

　イグナチオの時代にはこの建物はコロンビーニの聖ヨハネの
イェスア会の修道院だった。

　ゴンサルベス・ダ・カマラはここでジロラモ・マルティネンゴ
の霊操を指導した。ジロラモはドイツに派遣された教皇大使で
あった。

59 ラテラノ聖堂
BASILICA DI SAN GIOVANNI LATERANO

ローマの七つの巡礼聖堂のひとつ。最初の同志たちは誓願を立てた1541年4月22日にここを訪れ、夕食をともにした。食事を準備したのは当時14歳のペドロ・デ・リバデネイラであった。

60 エルサレムの聖十字架教会
CHIESA DI SANTA CROCE IN GERUSALEMME
（Piazza Santa Croce in Gerusalemme）

ローマの七つの巡礼聖堂のひとつで、イグナチオは1523年に、また最初の同志たちは1537年にここを訪れている。また誓

願宣立の日、1541年4月22日にもここに巡礼している。

61 聖マリア大聖堂
BASILICA DI SANTA MARIA MAGGIORE

　ローマの七つの巡礼聖堂のひとつ。イエス誕生の「飼い葉桶」の聖遺物は、現在は主祭壇の下のコンフェッシオに置かれているが、以前は「秘跡の小聖堂」の地下聖堂にあった。この小聖堂は、これを建立させた教皇シクストゥス五世にちなんで「システィナ小聖堂」とも呼ばれる。

　この地下聖堂でイグナチオは1538年の降誕祭に「大きな慰めと神が与える照らしを伴って」初ミサをささげた。イグナチオは司祭叙階から1年間ミサをささげずに待ったのであるが、おそらく初ミサをベツレヘムでささげようと計画していたのであろう。

　その後さまざまな時期にミサをささげる間に経験したことを記したイグナチオの日記を見ると、この日の聖マリア大聖堂の出来事も想像できよう。

　ミサの間、非常に強い内的な感動、内的な涙とすすり泣きがあった。しばしば言葉を失った。ミサを終えてから、またミサの間のほとんどの時間も、そしてミサの準備を行っている間もその後でも、私のために御父に取り次いでくださる聖母をしばしば感じ、また見た。その上、御父への祈り、御子への祈り、また聖変化のときに聖母を感じ見ること以外に何もできないほどであった。私が聖母を霊のうちに感じるほどに大きな恵みをもたらす、恵みの協働者にして門である聖母を感じ、かつ見たのであった。聖変化のときに聖母はご自身の肉が御子の中にあることを示された。（1544年2月15日）

　聖体を手にささげ持ったときに、突然内側から、話しかけるもの、内的に促すものが来た。つまり私が決して（私にできる限り、どんな被造物と）天の全体と、世界と、またその他のものと引き換えに神を捨て去ることは決してしたくないと思った。そして新たな感動、敬虔な気持ち、霊的な喜びを感じた。（1544年2月23日）

ミサを始めると、大きな敬虔な気持ち、暖かさ、涙があり、しばらく言葉を失った。御父への祈りの間、イエスが、私のささげる祈りを御父に取り次ぎ、あるいは御父のもとに持っていかれるのが見えた。そこでは説明することも不可能な感情を覚えることがあった。(1544年2月25日)

ミサの始めに多くの涙があり、ミサの間中敬虔な気持ちと涙のためにミサを中断しなければならなかった。同様にミサのあるところにくると、いつもの聖三位を以前のように特別な仕方で見た。そしてさらに一層大きな愛を神の威光に対して感じた。多くの場合、言葉で表現しようにもできなかった。(1544年2月27日)

(イグナチオが初ミサをささげた地下聖堂の祭壇は、当時は現在の祭壇の15メートルほど右にあった。現在の位置に移されたのは1586年のことである)

62 城壁の外の聖ロレンツォ教会
CHIESA DI SAN LORENZO FUORI LE MURA

　この教会もローマの七つの巡礼聖堂のひとつで、イグナチオも、また最初の同志たちもここに巡礼している。

ローマ郊外の
イエズス会関係の史跡

63 ラ・ストルタ
LA STORTA（Via Cassia 沿い、Porta del Popolo から14km）

1631年に記録された言い伝えによると（それ以前に口承で伝わっていたと思われる）、ラ・ストルタはイグナチオが1537年11月に深い神秘体験をしたところである。この注目すべき幻視はライネス、ナダール、カニジオの書き残した記録、そしてイグナチオ自身の日記およびゴンサルベス・ダ・カマラが著したイグナチオの伝記物語に記されて伝わっている。

イグナチオはペトロ・ファーブル、ディエゴ・ライネスとともにベネチアからローマに向けて旅立った。その旅の途中、ファーブルとライネスが毎日のミサをたてた。イグナチオは叙階されたばかりであったが、初ミサをたてるのを1年延ばすことにしていた。それでイグナチオは毎日の聖体をファーブルあるいはライネスの手から拝領していた。この毎日の礼拝の間にイグナチオは「しばしば、特に聖体祭儀のときに、霊的な体験をした」（ライネスの記録）。イグナチオ自身も語っているように、彼は「司祭叙階の後も初ミサまで1年待つことに決めていた。それは初ミサの準備をするためであり、また聖母が彼を御子の友としてくださるよう願うためであった」。

ある日イグナチオは同行者たちに、彼に神が次の言葉を彼の心に刻みつけたと打ち明けた。「私はあなたたちにローマで恵みを与えよう」（ライネスの記録による）、あるいはナダールとカニジオの記録では、「私はあなたたちとともにいる」。ライネスが伝えるところによれば、イグナチオはそれに続けて次のように付け加えている。

> 私たちの父（イグナチオ）はこの言葉が何を表すものかわからなかったので、こう言った。「私たちに何が起こるかわからない。多分ローマで十字架にかけられるのだろう」

現在のラ・ストルタ聖堂

イグナチオが「ローマのほんの数マイル手前の場所の」小
聖堂に祈るために入ったとき、「彼は霊魂が大きく変わるの
を感じ、どのようにして父である神が彼を御子キリストの友
としてくださるかを非常に明瞭な幻視に見たので、父であ
る神が彼を御子の友としてくださったと、もはやあえて疑う
ことができなくなった」（『巡礼者の記録』）。

それからもう一度彼に次のことが起こった。十字架を肩に
担っているキリストを見、その傍らの永遠の御父が次のよ
うに言われた。「私はあなたがこの者をあなたの僕として受
け入れることを望む」、そしてイエスは彼を受け入れて言わ

れた。「私はあなたが私たちに仕えることを望む」、その結果彼は、イエスの聖なる名前についての敬虔な思いにとらわれ、この会が「イエズス会」と呼ばれることを望んだのであった。(ライネスの記録)

　6年半ほど後の1544年2月23日に、イグナチオは受けた恵みを再び回想して、ラ・ストルタの小聖堂での1日を日記に、「御父が私を御子の友としてくださったとき」と記している。イグナチオは敬虔な思いの涙を流し、イエスの名が彼の霊魂に深く刻印を残すことを強く望んだ。彼がミサ聖祭でホスチアを手に顕示しつつ、イエスを断じて離れ去ることがないようにと願う祈りがうちから湧き上がるのを聞いた。

64　フラスカーティ、エピスコピオ
FRASCATI, EPISCOPIO (Piazza Paolo III)

　この建物はロッカ(Rocca)と呼ばれる城砦で、イグナチオが1538年8月にパウロ三世を訪ねたときには教皇の宮殿であった。1時間にわたるラテン語での謁見の間にイグナチオは、彼と同志たちを訴える告訴に裁きを下してくれるよう願った。しかし訴えていた者たちは判決が下されるのを避けようとして、結局告訴を取り下げた。

　人々に説教し、勧めを与えることができるためには、「ただ主なる神の前だけでなく人々からも良い評判を受け、教えの内容や生活の仕方から疑いを受けないように」する必要があるとイグナチオは考えていた。

　教皇は調査を命じ、イグナチオの同志たちの被っていたあらゆる嫌疑が無実であると確認した。

65　ティボリ　TIVOLI

　十五世紀半ばに教皇ピウス二世が建設したロッカ・ピア(Rocca Pia)の城砦の宮殿で、パウロ三世は1539年にイエズス会創立の口頭での認可を与えた。

　イグナチオは、ガスパリ・コンタリーニ枢機卿にイエズス会基本法 Formula Instituti (いわゆる『五章』)の最初の草案を

提出した。それには、ドミニコ会神父で教皇の宮殿付神学者
(Magister Sacri Palatii) のトマス・バディアの所見が添えられて
いた。バディア神父の意見は、イエズス会の生活様式は「聖な
るものであり、神に喜ばれるものである」というものであった。

　コンタリーニ枢機卿が9月3日に記したところでは、「私は
今日、教皇聖下のもとに参上し、あなたたちの願いを取り次い
だ。そして教皇聖下の前で『五章』全体を読みあげた。教皇聖
下は大いに満足の意を表され、喜んで受け入れ、確証された。
私たちは金曜日にローマに帰り……、小勅書かまたは大勅書
を発するよう命じるつもりである」（実際には大勅書 "Regimini
militantis Ecclesiae" が発せられるまでまる1年かかった）。

　ほかの資料によれば、教皇はこのときに「神の指がここにあ
る」と言われたということだ（ナダール）。またポランコは、教皇
がさらに続けて、この修道会は「教会を改革するに違いない」
と付け加えたと言っている。

　1548年10月初旬にイグナチオはティヴォリに滞在して、ティ
ヴォリと隣の町カステル・マダマの間の紛争を解決した。この
紛争は武力抗争にまで発展していたが、イグナチオの仲裁を受
けて、両市の指導者たちは枢機卿バルトロメ・デ・ラ・クエヴァ
の調停案に服従することに同意した。

イグナチオはドンナ・アラベラ・ブリガンテ・コロンナの屋敷に住んでいたとも伝えられている。この屋敷はトリヴィオ（三叉路の意味）と呼ばれるところのそばにあった。

　この機会にスペイン人の神父、ドン・ルイス・デ・メンドーサがイエズス会に小さな家と庭のある教会を寄贈した。この敷地はコレ門（Porta del Colle）を通って市外に出る道の傍らにあった。大変すばらしい土地で「時々黙想するために籠もるのにうってつけであった。またここで農民や町の住民にキリスト教的な隣人愛の仕事を実行できた」。教会は「私たちの愛する女性（マリア）」（Santa Maria del Passo）にささげられた。

　1549年9月8日にイグナチオは他の神父たちとともにローマからここにやって来て敷地を取得した。マリアの誕生のミサがささげられ、ドン・ルイスは町の指導的な人々を「霊的、地上的な軽食」に招いた。

イグナチオ没後の
イエズス会関連の史跡

66 ボロメオ宮殿
PALAZZO BORROMEO（Via del Seminario, 120）

　グレゴリアン大学が1878年から1930年までここにあった。イエズス会の第23回総会議がここで1883年に開かれた。現在はベラルミーノ神学院になっている。

67 ローマ学院　COLLEGIO ROMANO

　イグナチオ教会の上にある部屋を訪れるには香部屋係に頼むとよい。十六世紀の終わりにはロベルト・ベラルミーノが院長であった。ここで勉学の期間を過ごしたイエズス会員の中にはアロイジオ・ゴンザガやヨハネス・ベルクマンス、アントニオ・バルディヌッチなどがいる。聖人たちの部屋や誓願の小聖堂は最上階にある。

68 チェシ・メリーニ宮殿
PALAZZO CESI-MELLINI（Via dell'Umilta, 43）

　かつて1562年から1570年までゲルマニクム学院がここにあった。特別の部屋を決めて「霊操」を与えていた。この宮殿はローマで最初の黙想の家ということができる。

69 イギリス学院
COLLEGIO INGLESE（Via Monserrato, 45）

　イギリス学院は1579年から1773年までイエズス会に託されていた。英国の多数の殉教者たちがここから巣立っていった。総長ロレンツォ・リッチはイエズス会解散の後、数カ月の間ここに幽閉されていた。それから天使城に移され、1775年に没した。

70 ギリシャ学院
COLLEGIO GRECO（Via del Babuino, 149）

　ギリシャ学院は1591年から1605年までイエズス会に託されていた。

71 ゴンザガ・ガリツィン宮殿
PALAZZO GONZAGA-GALITZIN（Via della Scrofa, 117）

　このスキピオ・ゴンザガの屋敷にイエズス会入会を待つアロイジオ・ゴンザガが住んでいた。アロイジオは1585年11月に聖アンドレア教会の修練院に入った。

72 聖アポリナーレ宮殿
PALAZZO DI SANT'APOLINARE
（Piazza di Sant'Apollinare, 49）

　グルマニクム・ウンガリクム学院の以前の建物。（1574年から1773年）

73 クィリナーレの聖アンドレア教会
S. ANDREA AL QUIRINALE（Via del Quirinale）

　ここにフランシスコ・ボルジアによって修練院が創立され、1566年から1773年まで、および1814年から1872年まで修練院として用いられた。現在の教会は1658年から1670年の間に建設された。ここで修練を行った者の中にはスタニスラオ・コストカ（1566年～1568年）やルドルフ・アクアビバ（1568年～1569年）、アロイジオ・ゴンザガ（1585年～1586年）、サルディニア王カルロ・エンマヌエル四世（1815年）がいる。

　ペトロ・カニジオもここで訓話（Exhorte）を行ったことがある。ロベルト・ベラルミーノは1621年9月17日にここで亡くなっている。修復されたスタニスラオの部屋を参観することができる。

ここはローマの7つの丘の一つ、クイリナーレ
にあるイエズス会の教会である。アブルッツォ
のとある貴族の所有地が、当時総長であったフ
ランシスコ・ボルジア神父に寄付され、そこに1566年にバ
ロック様式の教会が建てられた。イエズス会にとって、ジェ
ズ教会と聖イグナチオ教会に次いで、3番目の教会となっ
た。そこに、イエズス会修練院が付随して建てられた。1661
年には、かのジャン・ロレンツォ・ベルニーニによって、自身
の生涯の傑作と自負した教会が出来上がった。横長の楕
円形をした、非常に珍しい形をしているため、主祭壇が間近
に感じられ、劇場のようなたたずまいの聖堂である。この
修練院で、後に聖人となった多くのイエズス会員が最初の
養成を受けた。特に名高いのは、ポーランド人修練者、スタ
ニスラオ・コストカで、彼の亡くなった部屋は、今では、巡礼
所となっている。日本との関係で言えば、イエズス会入会と
司祭叙階を望み、地球を半周してやってきたペトロ岐部は、
1620年からこの場所で修練期を過ごした。さらに、巡察使
アレッサンドロ・バリニャーノも、ここで修練期を過ごした。
現在はそこに修練院はないが、クイリナーレ宮殿（現大統
領府）を右に見あげながら、若きペトロ岐部が授業を受けに
ローマ学院まで歩いたであろう道のりを、想像しながら歩く
のもいい。（酒井陽介）

コラム
11

74 スコットランド学院

COLLEGIO SCOZZESE（Via delle Quattro Fontane, 161）

　かつてここにスコットランド学院があった。この学院は1600
年に創立され、1615年から1773年までイエズス会に託されて
いた。

　現在の建物は1870年に建設されたもので、1963年にカッシ
ア通り（Via Cassia）に移転するまでスコットランド出身の神学
生が住んでいた。

75 良い忠告のマドンナ教会

CHIESA DELLA MADONNA DEL BUON CONSIGLIO

（Via Cardello）

　この教会の近くに解散後のイエズス会復興に貢献したヨゼフ・ピニャテリが住んでいた。神父はここで1811年に亡くなり、遺体は1817年までこの教会の中に安置されていた。神父の居室も参観することができる。

あとがき

　本書はローマのイエズス会総本部出版情報局から発行された Antonio M. de Aldama, Charles E. O'Neill, *Roma Ignatiana: in the footsteps of saint Ignatius,* SJ Ufficio Stampa e Informazione Press, 1988が元になっている。その後1990年にドイツ語訳とイタリア語訳が出版され、それらを参照しつつ日本語の翻訳も直ちに完成したが、原稿は長年そのままに眠っていた。それがこのたびようやく出版の機会を得ることとなったのは、イグナチオ・デ・ロヨラの回心のできごとから500年を記念する「イグナチオ年」の企画としていただいたからであり、拙訳者としては感謝の念に堪えない。

　原著は、ローマを訪れるイエズス会員が創立者イグナチオ・デ・ロヨラとその同志たち、また後継者たちの所縁の地を巡礼するために益となる歴史的情報を提供するガイドブックである。実際、拙訳者もローマ滞在中に自分自身のため、またローマを訪問するイグナチオ霊性を共有する修道女会員の巡礼案内のため、少なからず役立たせていただいていた。イグナチオの時代の姿を今も保っているローマ歴史区域（チェントロ・ストリコ）を、本ガイドブックを手に巡ってみると、イエズス会創立期の熱気と息づかいが感じられる。ローマを訪れる巡礼者の皆さんにとっても、きっと役立つことと確信している。

　本書では、上智大学文学部史学科の川村信三神父、同神学部の酒井陽介神父にコラム記事をお願いし、イグナチオ時代の教会の状況や現在の姿など、原著にはない情報を提供することができたのは、大変得がたいことであった。また、できごとの時間的関連を把握するために役立つよう、年表も加えた。

　最後に、本書の出版を企画し強力に推進してくださった上智学院理事李聖一神父ならびに出版を引き受けてくださったドン・ボスコ社に特別の謝意を献げたい。

　2022年1月3日　イエスの御名の記念日に

佐久間 勤

年表

	3月29日	イグナチオがローマに入る (**55**)
	3月31日	教皇ハドリアノ六世から聖地巡礼の許可 (**32**)
1523年	3月29日 〜 4月13日 または 14日	エルサレムに向かう途中、ローマ巡礼の間、聖ヤコブ病院に泊まる (**27**)
	3月 または 4月	ローマの七つの巡礼教会を巡礼 (**52・53・54・59・60・61・62**)
1527年		メンドサがサラマンカで獄中のイグナチオを訪問 (**37**)
1537年	3月25日	最初の同志たちがローマに (**9**)
	3月末〜 5月初め	同志たちが聖ヤコブ病院に泊まる (**27**)
	4月3日	最初の同志たちが教皇パウロ三世の前で神学討論 (**48**)
	3月 または 4月	最初の同志たちがローマの七つの巡礼教会を巡礼 (**52・53・54・59・60・61・62**)
	11月	ラ・ストルタの神秘体験 (**63**)、イグナチオがローマに到着 (**9**)
1537年11月〜 1538年6月		イグナチオと最初の同志たちが会議の家に住む (**7**)
1537年〜38年		ファーブルとライネスがサピエンツァ大学で教える (**26**)
1538年　5月		シモン・ロドリゲスがペスケリアの天使教会で説教 (**12**)
		ファーブルがダマソの聖ロレンツォ教会で説教 (**35**)
		イグナチオがモンセラトの聖マリア教会で説教 (**39**)

		サルメロンがゴンファローネの聖ルチア教会で説教（**41**）
	5月	ライネスがラウロの聖サルバトーレ教会で説教（**45**）
		ボバディリアが聖チェルソと聖ジュリアーノ教会で説教（**46**）
		クロード・ジェイが聖ルイ教会で説教（**29**）
1538年		デ・クピス枢機卿とイグナチオの会見（**33**）
		マイナルディの信奉者からの迫害を受ける（**30**）
	夏	シスト橋の近くに住む（第2の住居）（**13**）
	8月	フラスカーティで教皇パウロ三世に謁見（**64**）
	11月	パウロ三世に派遣を願い出る（**10・52**）
	12月25日	イグナチオの初ミサ（**61**）
1538年10月～1541年2月		デルフィニ宮殿に住む（第3の住居）（**10**）
1538年～39年		貧しい人々の援助活動を行う（**10**）
1539年	2月20日	ライネスとボバディリアが聖霊病院の兄弟会に（**49**）
	4月15日	「初代師父たちの協議」で従順に基づく修道生活を決定（**10**）
	4月末	ブロエト、ロドリゲス、フランシスコ・エストラダがシエナに派遣される（**10**）
	6月20日	ファーブル、ライネスがパルマおよびピアツェンツァに派遣される（**10**）
	6月24日	コデュールがベルトゥリに派遣される（**10**）
		「初代師父たちの協議」終了（**10**）
	9月3日	教皇パウロ三世が口頭でイエズス会を認可（**52・65**）

	9月末	ボバディリァがナポリに派遣される (**10**)
	12月4日	アラチェリ教会でバルトロメ・フェラオの誓願 (**19**)
1539年		クロード・ジェイがペスケリアの天使教会で説教 (**12**)
		アラオスがイ・バンキで説教 (**43**)
		チェリオの聖グレゴリオ教会でイグナチオが兄弟マルティンの冥福のためにミサ (**57**)
		アクイロの聖マルタ教会のそばに孤児のための家を創立 (**5**)
1539年 または40年		サルメロンがサピエンツァ大学で教える (**26**)
1539年〜1540年		ザビエルが聖ルイ教会で告解を聞く (**29**)
		ザビエルが聖ロレンツォ教会で要理を教える (**35**)
1540年	3月15日	ザビエルがポルトガル・インドに向けてローマを出発 (**9・10**)
		教皇パウロ三世が "Regimini militantis Ecclesiae" でイエズス会を認可 (**1**)
1541年2月〜 1544年9月		道の聖母の教会の近くの家に住む（第4の住居）(**16**)
1541年	3月、4月	総長選挙 (**16**)
	4月8日	イグナチオ、総長に選出される (**16**)
	4月19日	イグナチオが総長に就任 (**16**)
	4月22日	同志たちが総長に誓願 (**52・53・54・59・60・61・62**) をたてる
	8月29日	コデュールの死を感じる (**13**)
	9月24日	イグナチオも聖霊病院の兄弟会に (**49**)
		モントリオの聖ペトロ修道院でバロエロのためにミサ (**14**)

	2月19日	アラオス神父の誓願 (**53**)
1542年		イグナチオが道の聖母の教会の主任司祭を引き受ける (**17**)
		イグナチオがパンテオンでディエゴ・エルナンデスと話す (**24**)
1543年 または44年		マルタの家を創立 (**3**)
	2月24日	カルピ枢機卿を訪問 (**6**)
	2月～4月	会憲の清貧についての部分の起草 (**16**)
	3月4日	ホアン・アルバレス枢機卿を訪ねる (**34**)
	3月6日	イグナチオが聖ペトロ大聖堂で神秘的体験 (**52**)
		清貧の規定に基づき道の聖母教会の小教区を聖マルコ教会に編入 (**17**)
1544年		イグナチオがコダチオの建てた家(カメレッテ)に移る (**17**)
		イエズス会員がペレグリニ通りで施しを乞う (**40**)
		ボバディリァの誓願を受けとる (**53**)
		教皇パウロ三世が "Iniunctum nobis" でイエズス会を改めて認可 (**51・52**)
		イグナチオがスペイン大使夫人の聴罪司祭となる (**31**)
	8月27日	イグナチオがマダマ・マルガリタの子どもに洗礼を授ける (**28**)
1545年	12月	イザベルがマルタの家の責任者に (**3**)
		イザベル盛式誓願 (**3**)
1546年7月17日		ファーブルがイグナチオに会見 (**17**)
1546年	8月1日	ファーブル死去 (**17**)
		「貧しい少女のための家」創立 (**11**)

1547年〜48年	カニジオ、修練者として聖ヤコブ病院で実習 (**8**)
1547年	ナダールがイ・バンキで説教 (**43**)
	聖ペトロ大聖堂のオラトリオの修道女のために改革案を起草 (**52**)

1548年	5月	メンドサ枢機卿を訪問 (**37**)
	10月初旬	ティボリで紛争の仲裁にあたる (**65**)
		教皇パウロ三世が "Pastoralis officii" で霊操を認可 (**1・30・52**)
		霊操の初版出版 (**36**)

1549年	9月2日	教皇パウロ三世がペトロ・カニジオたちを引見 (**48**)
	9月4日	カニジオの最終誓願 (**17・52**)
	9月8日	イグナチオがティボリに地所を取得 (**65**)
		ジェズ教会建設計画始まる (**16**)

1549年〜1553年	会憲の起草 (**17**)

1550年	10月25日	フランシスコ・ボルジアがローマに到着 (**9**)
		教皇ユリウス三世が "Exposcit debitum" で第2の基本法 "Formula Instituti" を認可 (**17・51・52**)

1551年2月22日	ローマ学院、アラチェリ広場のマラテスタ宮殿のそばに移転 (**18**)

1551年〜1557年	ローマ学院の第2の所在地、聖ステファノ・デル・カッコ教会の近くに移転 (**21**)

1552年	10月28日	聖エウスタキオ教会でローマ学院の講義始まる (**25**)
		イグナチオがナポリ王国に赴く (**15**)
		ゲルマニクム学院創立 (**21**)
		ナダールが聖セバスチアン教会で霊的慰めの体験 (**54**)

	10月〜 11月	道の聖母教会でローマ学院の神学と哲学の公開討論（**17**）
1553年	11月6日	ローマ学院に神学、哲学講座開設（**21**）
		ボバディリァ、ベネデット・パルミオがイ・バンキで説教（**43**）
1554年	9月14日	エチオピアに向かう会員を見送る（**15**）
		ミケランジェロがジェズ教会の設計を引き受ける（**16**）
1555年	5月23日	カラファ枢機卿、教皇（パウロ四世）に選出される（**4**）
		イエズス会、バルビーナのぶどう畑の地所を購入（**56**）
1556年	2月6日	ローマ学院で最初の学位授与（**21**）
	7月	イグナチオがバルビーナのぶどう畑で療養（**56**）
	7月31日	イグナチオ・デ・ロヨラ、死去（**17**）
1558年7月2日		ライネスが二代総長に選出される（**17**）

ローマ地図

ピアッツァ・
スッジーニ庭園

ミリツェ通り

ジューリオ・チェザレ通り

コラ・ディ・リエンツォ通り

バチカン

聖ベトロ大聖堂

3

サンタンジェロ城

ヴィットリオ・
エマヌエーレ2世通り

テベレ川

カンポ・ディ・
フィオーリ広場

ジャニコロの丘

ドリア・バンフィーリ邸

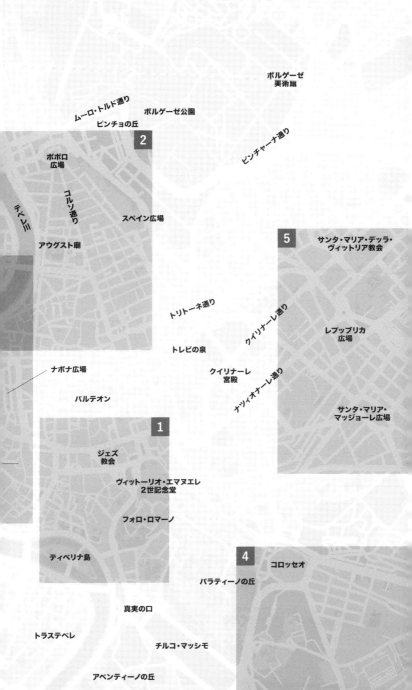

ボルゲーゼ
美術館

ムーロ・トルド通り　ボルゲーゼ公園
ピンチョの丘
2
ピンチャーナ通り

ポポロ
広場

コルソ通り

テベレ川

スペイン広場

アウグスト廟

5
サンタ・マリア・デッラ・
ヴィットリア教会

トリトーネ通り

クイリナーレ通り

レプッブリカ
広場

トレビの泉

クイリナーレ
宮殿

ナヴォナ広場

ナツィオナーレ通り

パルテオン

サンタ・マリア・
マッジョーレ広場

1

ジェズ
教会

ヴィットーリオ・エマヌエレ
2世記念堂

フォロ・ロマーノ

ティベリナ島

4
コロッセオ

パラティーノの丘

真実の口

トラステベレ

チルコ・マッシモ

アベンティーノの丘

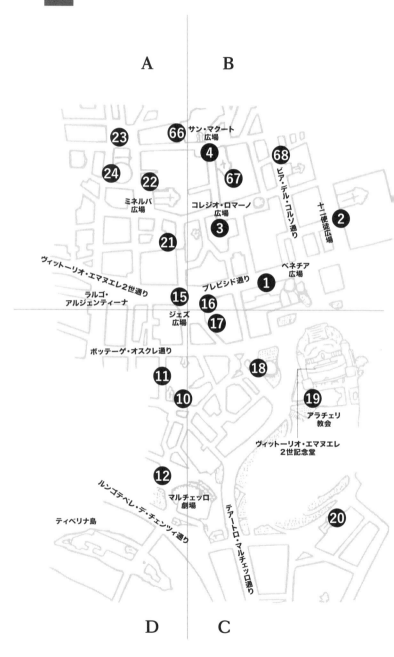

2

A B

⑨
ポポロ広場

ルンゴテヴェレ・イン・アウグスタ通り

リペッタ通り

⑧
アウグスト廟

オルソリーネ小路
⑦⓪
ヴィットーリ通り
⑦

スペイン広場

カヴール橋

テベレ川

⑦①
⑥

トリトーネ通り

③①
⑦② ③⓪

モンテ・ツィットーリオ広場
コロンナ広場

カプラニカ広場
⑤

D C

99

3

3

カステル・サンタンジェロ
天使城

コンチリアチオーネ通り

ボルゴ・サント・スピリト

ルンゴテベレ・トール・ディ・ノーナ通り

コロナリ通り

リナッシメント通り

ナボナ広場

ヴィットリオ・
エマヌエレ2世通り

モンセラート通り

ルンゴテベレ・ディ・テバルディ通り

ミンニ橋

カンポ・ディ・フィオーリ広場

ベッティナーリ通り

シスト橋

聖ペトロ広場

コンチリアチオーネ通り

A   B

D   C

100

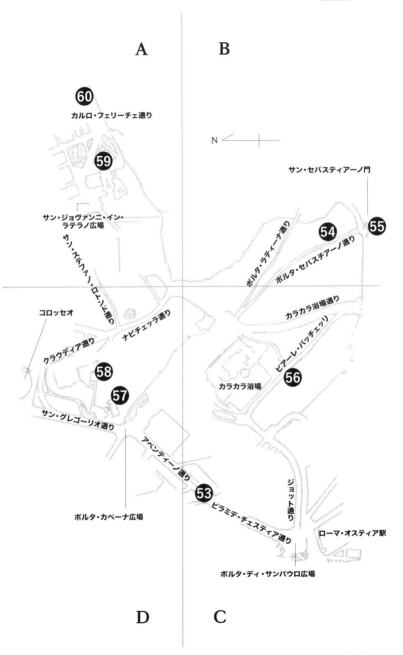

A

B

60
カルロ・フェリーチェ通り

N ←

59

サン・ジョヴァンニ・イン・
ラテラノ広場

サン・ステファノ・ロトンド通り

サン・セバスティアーノ門

ポルタ・ラティーナ通り

54

55

ポルタ・セバスティアーノ通り

コロッセオ

ナビチェッラ通り

クラウディア通り

カラカラ浴場通り

ピアーレ・パッチェッリ

58

56

57

カラカラ浴場

サン・グレゴーリオ通り

アベンティーノ通り

ジョット通り

ポルタ・カペーナ広場

53

ローマ・オスティア駅

ピラミデ・チェスティア通り

ポルタ・ディ・サンパウロ広場

D

C

5

A B

バルベリー
広場

74 ヴァットロ・フォンターネ通り

ヴェンティ・セッテンブレ通り

レブブリカ
広場

チンクエチェント
広場

62

クイリナーレ宮殿

ローマ・
テルミニ駅

クイリナーレ通り **73**

ジョヴァンニ・ジョリッティ通り

ナツィオナーレ通り

アゴスティーノ・デプレティス通り

カヴール通り

ナポレオーネ通り

ヴィットーリオ・
エマヌエレ2世通り

パニスペルナ通り サンタ・マリア・マッジョーレ通り

61

カルロ・アルベルト通り

ジョヴァンニ・ランツァ通り

メルラナ通り

ガヴール通り

75

サンタ・マリア・マッジョーレ広場

コロッセオ

ヴィットーリオ・
エマヌエレ2世広場

58

D C

◆略歴

佐久間 勤 (さくま・つとむ)

1952年生まれ。75年イエズス会入会。84年司祭叙階、95年在ローマ教皇立グレゴリアン大学神学部博士課程修了。2001年上智大学神学部教授（旧約聖書学）。聖母大学学長、上智社会福祉専門学校校長、上智学院理事を経て、現在上智学院理事長を務める。

李 聖一 (り・せいいち)

イエズス会司祭。上智学院イエズス会中等教育担当理事。同カトリック・イエズス会センター所長。

川村信三 (かわむら・しんぞう)

イエズス会司祭。上智大学文学部史学科教授。

酒井陽介 (さかい・ようすけ)

イエズス会司祭。2022年4月より上智大学神学部准教授。

ROMA IGNATIANA
ローマにイグナチオの足跡を訪ねて

2022年3月4日　初版1刷発行

著　　　イエズス会総本部出版情報局

訳　者　佐久間 勤

発行者　関谷義樹

発行所　ドン・ボスコ社
　　　　〒160-0004　東京都新宿区四谷1-9-7
　　　　TEL03-3351-7041　FAX03-3351-5430

装　幀　幅雅臣

印刷所　株式会社平文社

ISBN978-4-88626-689-7
（乱丁・落丁はお取替えいたします）